Laissez venir à moi les petits enfants, (Jésus-Christ).

Si vous voulez que les enfants s'élèvent jusqu'à vous, il faut vous abaisser jusqu'à eux.

Suis le milieu, mon fils, ta marche sera sûre.

Sachez rendre le travail facile et attrayant.

Instruire en amusant, voilà le secret d'un bon maître.

Comme les premières leçons ne s'effacent jamais, tâchons de les donner bonnes.

CLARTÉ, SIMPLICITÉ.
MÉTHODE MIXTE

rationnelle et complète de lecture en 11 tableaux in-folio, augmentée de 25 tableaux renfermant tout ce qu'il est nécessaire de connaître pour la lecture courante. Le tout mis à la portée des plus jeunes enfants, convenant pour les salles d'asile aussi bien que pour les écoles primaires, et pouvant être employé avec tous les procédés de lecture connus jusqu'à ce jour.

AVIS.

Mon dessein était de présenter quelques vues neuves sur l'enseignement de la lecture à l'exemple de quelques auteurs, mais comme ces considérations auraient été inutiles pour les élèves, et probablement peu appréciées par les maîtres qui n'ont guère le temps de se livrer à la lecture aride d'un manuel, je me borne aux quelques considérations qui font suite aux tableaux de lecture, et sur lesquelles les élèves peuvent être exercés jusqu'à ce qu'ils sachent lire assez couramment pour se servir, avec avantage, d'un livre quelconque. Je prie mes confrères qui voudront bien faire l'essai de cette nouvelle méthode, de vouloir lire le tout avec attention; car une méthode, pour un maître, est comme un outil pour un ouvrier : il ne suffit pas de posséder l'outil, il faut savoir s'en servir. Je les prie, en outre, de croire que mon but n'est pas de spéculer sur le bénéfice qui pourrait résulter de faire vendre du papier à mon profit. Ils pourront, en jetant les yeux sur cette méthode, en voir le plan dans quelques minutes et se convaincre de la simplicité et surtout de l'ordre qui y a présidé. Ils doivent comprendre que, sans l'ordre, il n'est pas de progrès possibles. Je pense qu'ils verront, en outre, avec plaisir : 1° Que chaque tableau est facile à apprendre et contient la récapitulation des éléments précédents, afin qu'ils ne soient pas oubliés; 2° Que chaque nouvelle connaissance est aussi facile que possible, par la manière dont les choses sont présentées; 3° Que les éléments les plus difficiles sont aussi les plus répétés; 4° Que la méthode, quoique courte, renferme tout ce qu'il faut pour la lecture; 5° Enfin, que ce qui faisait autrefois le tourment des élèves et des maîtres a été groupé et présenté sous un nouveau jour dans des tableaux supplémentaires et que, de cette manière, ces difficultés sont, pour ainsi dire, nulles et même amusantes pour les élèves avancés que l'on emploiera comme moniteurs.

Cependant, comme cette méthode est faite par un instituteur, je pense qu'elle trouvera bien des détracteurs; mais, s'ils sont de bonne foi, je me soumets à leurs jugements quand ils auront fait des essais comparatifs. Ce que je désire, c'est qu'elle fasse naître des observations, des modifications et des perfectionnements dans la lecture et dans l'orthographe; ce qui serait un grand bien pour l'étude de ces deux branches et surtout pour les progrès de l'enfance. S'il y a de la critique, tant mieux ! (1) car aussitôt que l'on commence à discuter sur une chose, la vérité est bien près de jaillir; d'ailleurs j'aurai soin de profiter des observations justes qui seront faites, et je désire que cette devise puisse bientôt se réaliser : *Pour le maître, savoir enseigner; pour l'élève, progrès rapides.* En effet, chacun sait qu'on doit pousser la lecture et l'écriture le plus possible, car tant que ces deux branches ne sont pas connues, les élèves sont un fardeau gênant pour l'instituteur. A quoi peut-il les occuper?.....

Puisse le résultat de mes nombreux essais et de mes pénibles recherches, épargner aux maîtres quelques impatiences et aux élèves quelques larmes! Si cela a lieu, je croirai ma récompense assez grande, car le but de tout homme doit être le progrès et le bonheur de l'humanité, et cela dans la proportion de ses facultés physiques et morales.

(1) Je désirerais même avoir le pouvoir de jeter la pomme de discorde jusque dans le sein de l'Académie, cela vaudrait peut-être mieux que le silence morne y règne.

1er Tableau. SONS SIMPLES ET MONOGRAMMES; c'est-à-dire représentés par une seule lettre.

Prononcez comme dans :	a	â	e	é	è	ê	i	î	y	o	ô	u	û (13)
	sa (bref)	pâte	le	nez	et	tête	lit	la vie (bref)	i-grec	un os	eau	vu	la vue

1re Leçon	a e i	e i a	i a e	i e a	e a i	a i e
2e Leçon	o u y	o y u	u o y	u y o	y o u	y u o
3e Leçon	a â o ô u û	â ô û a u	o û â ô	o u a ô	û â u a o	
4e Leçon	i î y e î e i y	e y i î	y e î i	i e y î	e i y î	
5e Leçon	e é è ê e è ê	é é e é è ê	é è e é ê	e è è é é ê		
Récapitulation	a â e é è ê i î y o ô u û e é é è ô i y a o u e û â é é è e o a u e i y					

VOYELLES A APPRENDRE PAR CŒUR.	EXERCICES.
A E I Y O U a e i y o u	**U O Y I E A, E A U O Y I, E I U A Y O, U A E I**

RÈGLE GÉNÉRALE. Employer tous les moyens pour fixer l'attention, exciter la curiosité et l'émulation et empêcher le développement de la mémoire locale, c'est-à-dire faire apprendre le tout d'après la forme et non d'après la position. Donner surtout la véritable valeur des sons, car de leur bonne prononciation dépend la bonté de la lecture, et, on pourrait même ajouter, la rapidité des progrès.

LEÇONS PRÉPARATOIRES. Toutes les choses ont un nom. Vous, mon petit ami, comment vous appelez-vous?.... Comment se nomme votre camarade? (le désigner)..... Montrez votre main droite?... votre main gauche?... le côté droit?... le côté gauche? le haut du tableau?... le bas?... Montrez devant vous?... derrière?... etc., etc.

DIVERS MOYENS. Tout instituteur qui tient aux progrès doit s'y prendre dès le début, et pour cela il fera en sorte que les élèves restent le moins de temps possible sur les deux premiers tableaux qui sont les moins attrayants. Il peut en accélérer l'étude par divers moyens : *bonté, émulation, curiosité* et *moyens mécaniques*.

MOYENS MÉCANIQUES. Il est rare qu'un instituteur ne puisse faire, pour enseigner les lettres, une remarque quelconque sur chacune. En voici quelques-unes : Vous, mon petit ami, vous vous appelez.... Alexandre.... Eh bien! regardez cette lettre, elle se nomme A, ouvrez la bouche et soufflez un peu... bien!..; voyez cette petite au-dessus de laquelle il y a un point, elle se nomme I; voyez cette autre qui n'a rien sur la tête, on la nomme E; quand il y a un ponpon qui penche devant, on la nomme É; si le ponpon penche derrière, elle se nomme È (faire les mouvements convenables avec la baguette et appuyer sur le son iè pour faire retenir la prononciation); quand elle a un bonnet pointu sur sa *tête* (appuyez sur *té*), on la nomme Ê, etc., etc. Ne passer à une leçon que quand la précédente est bien sue, et avant chaque leçon repasser les précédentes. Varier les moyens : Tantôt les élèves diront séparément; tantôt on cherchera le plus habile en les faisant dire simultanément; tantôt on fera chercher à un élève, avec la baguette, tous les O, tous les I, etc., de chaque ligne. Il faut se rappeler surtout que rien n'ennuie et ne rebute comme la monotonie.

MIRECOURT, TYP. HUMBERT, LIBRAIRE-ÉDITEUR.

2e Tableau. ARTICULATIONS SIMPLES ET MONOGRAMMES.

RÉCAPITULATION.
Articulations ou consonnes à apprendre par cœur, quand le tableau est su, et à prononcer :

a â e é è ê i î y o ô u û (15)
b c d f g h j k l m n p q r s t v x z (19)
bé cé dé èfe jé ache je cà èle ème ène pé cu ère èce té ve ixe zède

1re Leçon   b c f g b f g c b g c f c g f b f c g f b g c

2e Leçon   d h j k d j k h d k h j k j h d k d h j j h d k

3e Leçon   q r s t q s t r q t r s t r s q t q r s r t q s

4e Leçon   p m n l l m p n l p n m p l m n m p n l n l p m

5e Leçon   v x z b d x z v d b z v x p q z x v q p v z x b d x v z p q

6e Leçon   b d p q d b q p b p q d p q d b q b p d p q b d

Récapitulation.   a â b c d e é è ê f g h i î y j k l m n o ô p q r s t u û v x z (32)

Alphabet à apprendre par cœur.
A B C D E F G H I J K L M N O P Q R S T U V X Y Z (25)
a b c d e f g h i j k l m n o p q r s t u v x y z
a b c d e f g h i j k l m n o p q r s t u v x y z

MÊMES REMARQUES QU'AU TABLEAU PRÉCÉDENT. Ne pas oublier les moyens mécaniques. En voici quelques-uns pour les lettres les plus difficiles : Voyez cette lettre, elle a une *bosse* (appuyez sur *bo*) elle se nomme **b**; celle-ci a la bosse *derrière* (appuyez sur *der* et faites le mouvement avec la baguette), elle se nomme **d**; celle-ci a la queue *pendue* (appuyez sur *pen*, et faites les mouvements avec la baguette), elle se nomme **p**; celle-ci a aussi la queue pendue, mais la bosse ou la fesse est derrière (appuyez la main sur les fesses de l'élève), elle se nomme **q**; celle-ci a une grande jambe et une petite, elle ressemble à une hache, on la nomme **h**; cette autre à une jambe *cassée* (appuyez sur *ca* et montrez la jambe de la lettre), on la nomme **k**; celle-ci va en zig-zag (faites le mouvement), elle se nomme **z**, etc., etc. Il est entendu que le maître, ou le moniteur, doit être placé à gauche pour que les mouvements soient mieux compris. Ces moyens ne paraîtront ridicules et superflus qu'à ceux qui ne connaissent pas les enfants et la facilité qu'ils ont de retenir et de comprendre les mots formés par onomatopée, comme zig-zag, claquer, rouler, scier, toquer, etc., surtout si on leur fait sentir l'analogie qu'il y a entre le bruit entendu et le mot qui le représente. Faites donc souvent ces questions : Pourquoi appelez-vous cette lettre **b**? cette autre **k**? etc.

REMARQUES ESSENTIELLES. Plus il y a de facultés qui concourent à la perception d'une connaissance, plus cette connaissance s'acquiert vite. Exercez donc, autant que possible, la *vue*, l'*ouïe*, l'*intelligence* et la *mémoire*.

1° **EXERCICES POUR LA *VUE* ET L'*INTELLIGENCE*.** Quand ce tableau est à peu près su, avant de passer au 3e, présentez la lettre **v**, par exemple, sur un petit morceau de papier placé à l'extrémité d'une baguette fendue et promenez-la devant les sons de la première ligne en disant : cette lettre se nomme **v**, eh bien! en la plaçant devant **a**, elle fait dire **va** (on appuie sur le mouvement **v**...); en la plaçant devant **o** elle fait **vo**, et on fait deviner les autres effets en promenant la baguette, munie de cette articulation ou d'autres, devant tous les sons. Au commencement on aide l'élève par le mouvement des lèvres. Cet exercice est amusant et surtout très-utile.

2° **EXERCICES POUR L'OUIE ET LA MÉMOIRE.** Faire deviner à l'élève le produit de **v-a**, **v-o**, **t-a**, **t-o**, etc., etc., seulement en lui nommant les lettres et en appuyant sur l'articulation. Ce jeu facilite beaucoup l'étude du 3e tableau.

Passer une partie de la leçon à ces exercices quand le tableau est à peu près su, c'est un délassement et en même temps un amusement utile pour les élèves.

MIRECOURT, TYP. HUMBERT, LIBRAIRE-ÉDITEUR.

3ᵉ Tableau. COMBINAISON DES ARTICULATIONS LES PLUS FACILES AVEC LES SONS SIMPLES.

RÉCAPITULATION. a â b c d e é è ê f g h i î y j k l m n o ô p q r s t u û v x z (32)

JA	ja	jé	jo	ju	jû	ji	jî	jy	jô	jà	jè	je
VA	v a	vâ	ve	vé	vè	vê	vi	vy	vî	vo	vô	vu	vû
FE	f e	fè	fê	fé	fo	fu	fô	fû	fâ	fa	fi	fî	fy
SÉ	s é	se	sê	sè	si	sy	sî	sa	su	so	sâ	sû	sô
ZÈ	z è	zé	ze	zê	zy	zi	zô	zù	zâ	zo	zu	za	zî
LÊ	l ê	lè	lé	le	li	ly	lî	lô	lo	lu	lû	là	la
RI	r i	rî	ry	râ	ro	ru	rô	rû	ra	rè	ré	rê	re
PÎ	p î	pi	py	pâ	pô	pa	po	pe	pû	pé	pê	pè	pu
KY	k y	kô	ko	ki	ku	kî	kû	kâ	ka	ke	kê	kè	ké
MO	mo	mô	mè	mi	mé	mî	mê	mu	mê	my	me	mâ	mû
NÔ	n ô	na	nu	nâ	ny	nû	no	ni	nê	nè	nî	ne	né
TU	t u	ty	tû	tê	ti	tâ	tî	te	tà	té	tè	to	tô
XÛ	x û	xi	xa	xî	xu	xo	xâ	xy	xe	xô	xè	xé	xè
BA	b a	be	bi	bê	bà	bô	bu	bé	bû	by	bè	bî	bo
DE	d e	dê	do	dô	du	dé	dè	da	dâ	dy	di	dû	dî

Ce tableau et le suivant sont les plus essentiels; ils sont la clef de la lecture. Employez tous les moyens pour les faire bien apprendre. (Voir les 2 exercices du tableau précédent.)

RÈGLE GÉNÉRALE. Les éléments de la lecture sont : 1° LES SONS, 2° LES ARTICULATIONS. Pour lire, il suffit donc de distinguer ces éléments et de connaître le résultat de leurs diverses combinaisons. Pour cela, et afin d'exercer toutes les facultés des élèves, on emploiera les deux méthodes en usage : 1° SYNTHÈSE, 2° ANALYSE; mais on conçoit que l'analyse doit se borner à la décomposition de la syllabe ou du mot en ses éléments et non à l'épellation par lettre; on ne prononcera donc jamais que le son et l'articulation, ce qui suffit pour la lecture. Il faut analyser, mais non pas pulvériser. L'épellation par lettre pourra être utilisée pour l'orthographe, mais elle ne ferait que nuire pour la lecture en la retardant.

1ᵉʳ PROCÉDÉ : SYNTHÈSE. Le maître ou le moniteur fera prononcer séparément chaque articulation et chaque son de la 1ʳᵉ ligne, de cette manière : j...a-ja, j...i-ji, j...y-jy, etc., ayant soin de donner à chaque son sa valeur véritable et d'appuyer sur l'articulation j... pour faire sentir l'analogie qu'il y a entre les éléments et leur combinaison. Ce procédé, outre ses avantages, est encore une espèce de contrôle au moyen duquel on s'assure que l'élève connaît ses éléments. On apprendra, de cette manière, toutes les lignes; ensuite on ne fera plus décomposer que le premier mot de chacune, en aidant un peu l'élève au commencement, on finira par faire prononcer sans décomposer; on ira ensuite de droite à gauche, de haut en bas, etc., puis à travers jusqu'à ce que les élèves disent chaque mot au hasard sans se tromper et sans décomposer; on les fait seulement décomposer ou l'on décompose soi-même quand ils se trompent, car alors il y a un des éléments qu'ils ne connaissent pas. Ces procédés seront employés pour tous les tableaux de principe et même dans la lecture lorsqu'il y aura lieu.

2° PROCÉDÉ : ANALYSE. Le Maître à un élève : Décomposez, c'est-à-dire dites-moi ce qu'il faut pour faire va. L'Élève : v...a-va. Le M. Décomposez to, l'E. t...o-to, etc. Il est essentiel d'appuyer sur ce procédé pour exercer l'intelligence des élèves et ensuite pour obtenir plus tard des progrès en orthographe.

NOTA. Dans ce tableau et dans quelques autres tableaux d'exercice on trouvera quelques combinaisons non employées dans la lecture; mais elles ne peuvent pas nuire aux progrès des élèves.

MIRECOURT, TYP. HUMBERT, LIBRAIRE-ÉDITEUR.

4ᵉ Tableau. COMBINAISON DES ARTICULATIONS AVEC LES SONS (suite).

Articulations nouvelles, simples et polygrammes. **EXERCICES.**

CH, PH, GN, ch, ph, gn, ph, gn, ch, gn, ph, ch, ph, ch, gn, ph, gn, ch. (3)
che, phe, gne,

RÉCAPITULATION. a â b c d e é è ê f g h i î y j k l m n o ô p q r s t u û v x z, ch, ph, gn, (55)

	à séparer.											
HA	h a	hà	he	hé	hè	hê	hi	hî	hy	ho	hô	hu	hû
QUE	qu e	qué	què	quê	qui	quy	qu'u	qua	qû	quà	quo	qui	quô
CA	c a	co	cu	ci	ce	cé	cè	cê	ci	cy	cà	cô	cû
GA	g a	go	gu	ge	gé	gê	gè	gi	gî	gy	gà	gô	gû
CHI	ch i	chì	chy	cho	chô	chu	chû	che	ché	chè	chê	cha	châ
PHO	ph o	phô	phu	phû	phi	phî	phy	pha	phà	phe	phé	phè	phê
GNU	gn u	gnû	gna	gnà	gne	gné	gnè	gnê	gno	gnô	gni	gnì	gny
GUA	gu a	guà	guo	gue	gué	guè	guê	gui	guy	go	gu	gue	gui
GEA	ge a	geà	geo	geô	geà	gue	gué	guè	guê	gea	geo	gui	gue
ÇA	ç a	ça	ço	çu	çô	çû	çà	gea	geo	geà	gue	gué	gui

Exercices.

ha, bo, bê, by, dô, du, dé, dè, bu, di,
bo, fu, fa, fê, ha, ho, hé, ju, ji, jé,
jè, ka, ky, ki, la, lo, li, lé, mo,
mu, mé, mê, no, ni, na, pa, py,
pê, qua, quo, qu'u, ra, ru, rè, sa, so,

Exercices.

tu, tê, vi, va, vè, xi, xé, zé, zo, ca,
ce, co, ci, cu, co, cé, cè, cy, câ, co, ci,
cu, ga, ge, go, gy, gu, gâ, gea, go, geo,
gé, gué, gui, gi, gê, gué, go, gua, guo,
ça, çu, ço, châ, gni, phy, chô, phâ, gnu,

Faire apprendre préalablement les 3 articulations nouvelles. On exercera la mémoire à retenir : c...h=che, p...h=phe, g...n=gne ; ensuite on exercera la vue à retenir chaque groupe qui ne sera plus prononcé que **che, phe, gne.**
On apprendra ensuite le tableau en employant tous les moyens précédents. On fera seulement remarquer en outre ceci : **h** ne fait rien étant la première, on dira donc, **h...a=a, h...é=é**, etc.; **q...u=cu**, alors on dira : **qu...a=ca, qu...o=co**, etc.; pour le **c** on dira : **ca, co, cu** et ailleurs **sé, si**, etc.; il en sera de même pour le **g**; ensuite on dira : **g...u=gu**, on doit donc dire **gu...a=ga, gu...é=gué, gu...i=gui**, etc.; **g...e** fait **je**, alors **ge...n** fait **ja, ge...o** fait **jo**, etc.; **c** avec une cédille fait toujours **se**, on dit donc, **ç...a=sa, ç...o=so**, etc. Avec quelques précautions, quelques petites explications et en faisant sentir l'analogie qu'il y a entre les éléments et leurs combinaisons, l'intelligence des enfants se développe et ils font des progrès qui étonnent ceux qui ne sont pas habitués à employer ces moyens si simples. On en verra plus tard l'avantage dans la lecture des mots tels que : pigeon, sanguin, etc.

MIRECOURT, TYP. HUMBERT, LIBRAIRE-ÉDITEUR.

5ᵉ Tableau.   APPLICATION DES EXERCICES PRÉCÉDENTS.

Mots.

a mi, u ni, é té, gâ té, jo li, me né, je té, do ré, ca ve, cu ré, cò té, ci té, ce ci, bo bo, da da, da te, bé ni, bù che, de ni, fa mé, fi ni, fi gue, gué ri, gì te, gè ne, gé mi, go bé, hà té, hê lé, je té, ké pi, ki lo, la me, li mé, l'a mi, me né, mù ri, di né, pa pa, pi qué, quê te, re mi, riche, sè ché, te nu, ta xé, zé ro, zè le.

ca ba ne, é co le, a do ré, ca ra fe, do mi no, cha ri té, i gno ré, phy si que, qua li té, la cu ne, ma la de, gué ri ra, ra va gea, ro gnu re, ru gi ra, ra va gé, ca po te, fi xi té, fa ça de, cé ci té, ly ri que, fâ che ra, ga gne ra, mè ne ra, co lè re, ci ra ge, é ga lé, ma xi me, lo gi que, ha va ne, ju ge ra, pi qù re.

ba di ne ra, ba di na ge, cu pi di té, ca pa ci té, do mi ne ra, fa ci li te, fé ro ci té, é ga li té, lé gi ti me, hu ma ni té, ha bi le té, ho mi ci de, ju bi lé, ju bi le ra, ka mi chi, ké pi, é qui té, qua li té, sy no ny me, a xi ô me, fi xe ra, a che té, pho que, rè gne ra, ca che ra, ca ho té, hi la ri té, chi ca ne, i gno ré.

Phrases.

Le dì né. Le ca fé. Du pâ té. La fè te. De la sa la de. Du rô ti. Re né dì ne ra. L'hu ma ni té. J'ho no re ma mè re. J'a chè te du ca fé. La ro be de Zo é. Je lè ve ma tê te. La mu si que. Le ma la de se ra gué ri. U ne robe sà lie. La cha ri té de l'E vê que. Lazare a sà li sa ca po te. Ju les a vu Pa ris. Jé rô me va à Ro me. L'hu mi di té a gâ té ma ca po te. Re my a ô té sa ly re. Ma fi gu re se ra la vée. La fi gue d'A dè le. U ne po che de ca po te. Du ci ra ge. La ma xi me u ti le. L'a va re se ra pu ni. La fè te de ma mè re. J'é tu die la phy si que. La chi mie se ra u ti le.

La rognure de ma chemise. Une petite râve. Adeline sera fatiguée. Ma cabane sera solide. Le gage de Jules. Ceci sera reçu. La chicane ne me va pas. Une piqûre de guêpe. Julie a quêté. Le père Gigone bêchera samedi. Ma figure a été choquée. Le képi sera sâli. Une cigale. La besogne me fatigue. La figue sèche. L'ami sera guéri.

Faire dire le tout sans faire décomposer. Si un élève se trompe, s'adresser aux autres et faire passer le premier celui qui dit le mieux. Ne jamais dire un mot ou une syllabe à l'élève sans en avoir fait rendre compte par la décomposition, soit en faisant décomposer l'élève, soit en décomposant soi-même.

NOTA. Au commencement, il est bon de faire prononcer toutes les syllabes, même muettes ; l'élision viendra plus tard.

6ᵉ Tableau. ARTICULATIONS COMPOSÉES ET SONS SIMPLES POLYGRAMMES.

Articulations composées.
Combinaisons des articulations simples.

avec :		r		s		
b	bl	br	»	sb	»	»
c	cl	cr	»	sc	scl	scr
ch-k	chl	chr	»	»	»	»
d	»	dr	»	»	»	»
f	fl	fr	»	sf	»	»
ph	phl	phr	phth	sph	»	»
g	gl	gr	»	»	»	sgr
h	lh	rh	»	sh	sth	»
l	»	»	»	sl	»	»
m	»	»	»	sm	»	»
p	pl	pr	ps	sp	spl	spr
q	»	»	»	squ	»	»
r	»	»	»	sr	»	»
s	sl	sr	»	»	»	»
t	»	tr	»	st	»	str
v	»	vr	»	»	»	»

Exercices.
bl cl chl fl phl gl lh pl sl, br cr
chr dr fr phr gr rh pr tr phth ps
sp sc scl scr sf sph sgr sh sth sl
sm sp spl spr squ sr st str pn mn
sm ps sp chl chr phl phr squ sh

à séparer		Combinaisons.	à séparer		
bl a	ble	bli	blo	br u	brè	bry
cl a	cle	cli	clo	cr u	crè	cry
chl a	chle	chli	chlo	chr u	chrè	chry
phl a	phle	phli	phlo	phr u	phrè	phry

Sons simples polygrammes.
Sons nasals.

Sons simples :   a   o   è ⁽ ⁾   e ⁽ ⁾
Sons nasals correspondants : an on in un

Exercices.
an on in un, in on an un, on an in un

Autres sons simples.

eu ai au ou oi
Prononcez :   e   è   ô   ou   oua (bref)
                              (voir)

Exercices.
eu au ai ou oi, au ai eu oi ou, ai eu ou au

Diverses manières d'écrire les sons ci-dessus.

an = am	en	em	»	»	»
on = om	»	»	»	»	»
in = im	yn	ym	ain	aim	ein
un = um	eun	»	»	»	»
eu = œu	»	»	»	»	»
ai = ei	ay	ey	»	»	»
au = eau		ou		oi =	oy

Exercices.
an in on un eu ai au ou oi am em
an en on om in yn im ym ain ein
un um eun ai ay ei ey eu œu oi
oy au eau ou oy em am in ym
on eun ai ey œu ou eu eau an
au eu en ai ou oi.

à séparer		Combinaisons			
fr an	frin	fron	frun	freu	frai	frau
gr am	grim	grom	grum	grœu	grei	greau
pr ou	plou	proi	noy	sym	main	jeun

PREMIÈRE PARTIE. Recommandez de passer lestement et faiblement sur la 1ʳᵉ et la 2ᵉ articulation et de faire entendre la dernière comme si elle était suivie de e. On dira, par exemple : **b** avec **l** fait **ble**, **b...r** fait **bre**, etc., et on fera regarder le mouvement, très-prononcé des lèvres. Avec quelques précautions ces exercices sont très-faciles. Pour les combinaisons des deux parties, voir les observations du tableau suivant.

DEUXIÈME PARTIE. Faire apprendre par cœur le résultat des lettres a...n, o...n, i...n, u...n, en disant, a...n-an, o...n-on, i...n-in, u...n-un; on appuie fortement sur **a**, **o**, pour faire remarquer l'analogie qu'il y a entre ces sons et **an**, **on**, etc. Même procédé pour le reste du tableau. Les élèves apprendront ensuite à prononcer ces sons à première vue, sans décomposition, ce qui sera bientôt su, si la décomposition a été bien faite et si l'on a eu soin de faire sentir l'analogie.

REMARQUE. Pour aider à retenir tous ces sons, on peut faire observer que dans **an** il y a toujours **a** ou **e**, dans **on**, il y a toujours **o**, dans **in** il y a toujours **i** ou **y**, etc.

⁽*⁾ Il est probable que **in** et **un** étaient autrefois les correspondants de **i** et de **u**, ce qui a encore lieu dans les campagnes de quelques provinces où ces 2 lettres se font fortement sentir dans **in**, **un**, ce qui expliquerait pourquoi on écrit ces sons de cette manière.

MIRECOURT, TYP. HUMBERT, LIBRAIRE-ÉDITEUR.

7ᵉ Tableau.

COMBINAISONS DES ARTICULATIONS AVEC LES SONS PRÉCÉDENTS.

Récapitulation.

Sons : a, â, an, en, em, e, eu, œu, un, um, eun, é, è, ê, in, im, yn, ym, ain, aim, ein, i, î, y, o, ô, au, eau on, om, u, û, ou, oû, oi, oy, ai, ei, ay, ey.

Articulations : b, c, d, f, g, h, j, k, l, m, n, p, q, r, s, t, v, x, z, ch, ph, gn, bl, cl, chl, fl, phl, gl, l'h, pl, sl, br, cr, chr, dr, fr, phr, gr, rh, pr, sr, tr, phth, sb, sc, sf, sph, s'b, sl, sm, sp, squ, sr, st, sth, scl, spl, scr, sgr, spr, str, pn, mn.

bl a	blo	blu	blan	bleu	blou	bra	bro	brun	bron	brai	brou	broi
cl ou	clan	clô	cly	cla	crou	croi	creu	sca	scla	scro	scru	scri
chl o	chly	chlu	chla	chlé	chro	chry	chru	chron	chrê	chré	chri	chre
fl au	flen	fleu	flé	flè	flû	phlo	phlu	phlou	phli	phla	phle	phleu
gl ou	glc	gli	glan	gloi	glu	gro	groi	groy	grun	grâ	l'heu	l'hu
pl eu	plan	plen	plai	plain	prou	preu	preîn	prun	preau	prè	proi	pri
sl a	slou	slu	cra	croû	chré	chrè	dra	dreu	drin	dron	fri	frai
phr a	phry	phri	phru	grâ	grin	grain	grai	groi	rhô	rhé	sre	sra
phth i	phthy	sbi	sby	sca	scan	sfa	sphè	s'ho	s'hu	smi	smo	sphé
sp a	spi	spo	splen	sple	spro	spré	squa	squy	stha	stho	chlo	chrè
phr y	phra	chou	chan	cheu	phi	phy	gneau	gnei	sby	pneu	mné	bey
rh(*)u	rhè	d'hu	jh'o	l'hom	m'hu	phlé	chlo	chry	phra	syn	sein	vrai

séparer les syllabes — **Application des exercices précédents.** — *séparer les syllabes*

pon pon, mou ton, pom pe, vin, en fin, nym phe, sym pa thi que, vain, syn taxe, syn thè se, plain dre, crain dre, contrain dre, vain cre, pan ta lon, van, vendre, ten dre, trem pe, pam pre, la faim, ma main, cha cun, hum ble, dé funt, ê tre à jeun, hum ble ment.

sai ne, pei ne, plai ne, vai ne, Ey lau, Vin cey, Bo ta ny bay, Fu may, jeu ne, gen re, du feu, dé fen dre, jeû né, peu, pen chant, œu vre, dé sœu vré, dé sœu vre ment, peu ple, pen sion, au be, eau jau ne, ca deau, ni veau, che vaux, le jeu, jou jou, hou blon, le roi, Foy, la croix.

PROCÉDÉ. Après avoir fait repasser et bien apprendre la récapitulation, on passera aux exercices en faisant décomposer en deux parties, au moins le premier mot de chaque ligne, de cette manière : **bl**...**a**-**bla**, etc. Les autres mots seront lus, autant que possible, sans décomposition ; mais la décomposition doit toujours être faite quand aucun élève ne peut dire le mot. Ce moyen est très-important ; d'abord il sert de contrôle, ensuite il habitue l'élève à faire son travail lui-même.

RÈGLE GÉNÉRALE. Une syllabe quelconque n'ayant que deux parties au plus, le son et l'articulation, on ne doit jamais prononcer que ces deux parties dans la décomposition ; mais on peut aider l'élève à les chercher ; ainsi s'il y avait embarras pour lire : **bron**, on pourrait rappeler que **b**...**r**=**br**, **o**...**n**=**on** ; alors on dirait **br**...**on**, et de suite l'élève prononcerait **bron**, car il connaît ces combinaisons.

(*) **h** est toujours nulle quand elle n'est pas précédée de **c** et de **p** pour faire **ch**, **ph**.

8ᵉ Tableau. APPLICATION DES EXERCICES PRÉCÉDENTS.

Remarques particulières et essentielles à bien apprendre.

c, f, l, r sont les seules lettres qui se prononcent à la fin de presque tous les mots.	
s=z entre deux voyelles :	asa=aza, usé=uzé, ruse, rose, bise, base, vase.
e allonge le son précédent :	la pie = la pî, la roue, la joue, la vie, la vue.
es=ê (doux) dans les monosyllabes.	les, mes, tes, ses, ces, des, tu es, pour : lê, mê, tê, sê, cê, dê.
os=ô dans les syllabes finales.	nos, vos, le dos=nô, vô, le dô, re pos, pro pos.
et=è, est=ê.	le fou et et le jou et, cet te pom me *est* mû re et el le *est* bon ne.
ez, er (finals)=é.	mou chez votre nez, jou er, sau ter, dan ser.
ti=si suivi d'une voyelle.	pé ti ti on, mu ni ti on, cau ti on, mi nu tie, fa cé tie.
s=z pour la liaison des mots.	mes a mis, les en fants at ten tifs=mê za mis, lê zen fan za ten tifs.

Je fonds du plomb. Ro se va dans la cham bre. Li se chante une chan son. La ro se sent bon. Le nid de la pie. La scie neu ve. La vie a gré a ble. U ne vue per çan te. Je prie at ten ti ve ment. Je lie mon pa quet de plu mes. Je scie du bois. La rue est sâ lie. Tu es bon. Mes noix sont fraîches. Tes pru nes sont mû res, tu les man ges. Ces pe tits gar çons é tu dient la le çon. Nos pru neaux sont gâ tés. Vos tantes sont ma la des. Vos pe tits ca ma ra des jouent. Nos frères é tu die ront de la géo gra phie. Vo tre le çon de phy si que. Le ca non a lan cé un bou let. Un cor net de bon bons. Le rou et de la fi leu se. Le bei gnet est bon quand il est chaud. Mon gi let est trop é troit. J'ai man gé un cro quet. Cet te mai son est neu ve. Cet te cham bre est sai ne. Cet te jeu ne bro deu se est très-a droi te.

Cette rue est longue. Ne jouez pas toujours. Etudiez souvent. Parlez bas. Ne courez pas trop. Ne hantez que les bons sujets. Ne confiez pas vos secrets. Manger. Chanter. Etudier. Scier. Ranger ses livres. Venger son ami. Clouer une planche. Bêcher son champ. Les fous font rire. Les filous trompent. Les joues sâlies. Les roues usées. Le dos bombé. Nos rivaux. Vos bateaux. Nos généraux. Nos briquets. Le fouet du cocher. Le jouet de l'enfant. Tu es un brave ami. Tu t'es trompé. Ma tante s'est démis le bras. Elle s'est cassé la jambe. Une punition méritée. Vous avez pris votre résolution. Prenez des précautions. Vous n'avez pas trop d'ambition. Ce sont des mi nuties. Une position gênante. Les facéties. De la patience. Des enfants patients. Un repos complet. Une scie usée. Venez dîner. Vous allez à l'Eglise. Rose joue.

REMARQUE. Bien faire apprendre la première partie du tableau. Le reste sera lu sans décomposition ; mais si l'élève est embarrassé ou s'il se trompe sur un mot, il faut s'adresser au plus habile pour stimuler l'attention de tous, si aucun élève ne peut dire le mot, il faut faire décomposer ou décomposer soi-même ; mais ne jamais dire aucun mot sans cette précaution qui est très-importante.

9ᵉ Tableau.

SONS MODIFIÉS ET SONS COMPOSÉS OU DIPHTHONGUES.

Principaux sons modifiés par les articulations.

a	e	i	o	u	ou / ai	oi / an	eu / au
ab	eb (1)	ib	ob	ub	»	»	
ac (2)	ec	ic	oc	uc	ouc	anc	euc
ad	ed	id	od	ud			
af	ef	if	of	uf	ouf	oif	auf
ag (2)	eg	ig	og	ug	oug		aug
ah	eh		oh				
ak	ek	ik	ok	uk			
al	el	il	ol	ul	oul	oil	eul
am (3)	em	im	om	um			
an	en	in	on	un			eun
ap	ep	ip	op	up	oup		
aq	eq	iq	oq	uq			
ar	er	ir	or	ur	our	oir	eur
as	es	is	os	us	ais	ois	aus
at	et	it	ot	ut			
av	ev	iv	ov	uv			
ax	ex	ix	ox	ux			
az	ez	iz	oz	uz			

Sons composés (diphthongues).

aa aé éa éo éu éau ia ié io iau oa oé
ui uo ua ué éé éi ao oo ia ya iè iau ieu
iai yeu yau oui oi oin uin ion ian ien (lin)
oin oui ien ian ion oin uin ien ian ien
ieu.

---

l sec et l mouillé.

a al — ail (aïeu - bref)
è el — eil (èieu)
eu eul - euil œil ueil
ou oul — ouil

EXERCICES.

al ail el eil eul euil
œil ueil oul ouil ail
œil eil ouil ueil œil
eil euil ail ueil.

Combinaisons diverses et exercices.

ial iel ioc ieuc ianc ionc ouan iar ier
ior ieur ies ios. eul ieul al ial al ail el
eil eul euil œil ueil oul ouil ioul iau ian
ien ieu yeu iai oui oin uin ien ion ian
ieu iau oui ail eil euil.

Exercices.

eb	ab	ub	ec	oc	ouc	oul	oup
ac	oc	euc	onc	ed	inc	el	es
or	id	il	ir	er	our	eur	oir
ef	of	ouf	auf	if	œuf	oif	af
ig	eg	og	ug	ah	eh	oh	onc
ak	ik	ok	ol	el	ul	ip	ep
oq	eq	ar	or	er	es	et	av
au	aug	aur	aul	ouc	oug	oul	our
eu	eul	eur	œuf	œur	oil	oir	air
an	anc	inc	onc	yl	yr	yb	yc

à séparer — Application.

b	ac	bec	bic	boc	buc	bouc	beur	bour
f	al	fel	fil	fol	ful	feu	feur	four
s	ar	ser	sir	sor	sur	sanc	soif	sauf
l	as	les	lis	los	lus	lour	loir	leur
l	af	lef	lif	lof	luf	lax	lex	lix
g	az	gad	gap	gor (4)	gil	gol	gam	gem
b	al	bail	bel	beil	beul	beuil	boul	bouil
b	ui	biau	bieu	biai	boi	boin	bion	bien
r	io	rié	réau	rua	rué	roui	rieu	rien
g	ion	goin	gien	gian	gail	gueil	rouil	reil

PREMIÈRE PARTIE. Exercer pendant quelque temps les élèves à la décomposition ; de cette manière : **a...b = ab, i...b = ib**, etc. ensuite faire dire sans décomposer, d'abord horizontalement, puis verticalement, ensuite sans suivre aucun ordre. Faire décomposer l'élève quand il se trompe, ou décomposer soi-même. Faire remarquer, par le mouvement des lèvres, que le son se prononce toujours et que l'articulation ne se fait guère sentir. (1) e fait toujours è devant une articulation. (2) e et g sont toujours durs après le son. (3) Au lieu de dire a̅m̅, i̅m̅, a̅n̅, i̅n̅, etc., on dit an, in comme au n° 6. (4) g...o = go, donc, g...or = gor ; g...l = gi, donc g...ir = gir, etc.

2ᵉ PARTIE. Bien exercer les élèves sur les diphthongues, et faire voir la différence entre l sec et l mouillé suivi de i. Pour l'application, faire décomposer pendant quelque temps, de cette manière : **b...ac = bac, b...ec = bec, b...our = bour.** La décomposition ne doit amener que deux parties. Si cependant il y avait difficulté pour l'élève, on pourrait lui rappeler que **o...u = ou**, donc **ou...r = our, a...n = an**, donc **an...c = anc**, etc.

10ᵉ Tableau.   APPLICATION DES EXERCICES PRÉCÉDENTS.

Récapitulation générale des éléments.

Sons
- 1° Sons simples monogr. a â e é è ê i î y o ô u û (13) 2° Sons s. polyg. an in on un eu ai au ou oi (9)
- 3° S. comp. ou diphth. ia ié io iau iai ieu ian ien ion oui oin uin éu éau ui ua ya yau
- 4° Quelques s. modifiés. ab eb ec ic id ed uf ef oif eg oug ak el oul eul ep oq our oir es at ev ex oz yr yl al ail el eil iel eul euil œil ueil ieul oul ouil ieu ien yeu ian uin ion iane ionc ouan iar ier ieur ieul ian ien ieu ail eil.

Articulations
- 1° Art. s. monogr. b c d f g h j k l m n p q r s t v x z. (19) 2° Art. s. poly. ch ph gn (3)
- 3° Art. comp. bl br sb sbr cl cr sc scl ser chl chr dr fl fr sf sph phl phr phth gl gr sgr sth sl sm pl pr sp spl spr squ sr tr st str ps mn *sh rh*.

à séparer											
bl ac	bloc	bluc	bleu	blan	bron	bran	broc	broy	brail	breuil	bouc	bien
cl ar	cloi	clac	cler	club	crac	cric	cros	ciel	cour	cail	coin	cien
chl a	chlo	chry	chrè	cer	cuin	coc	sour	sion	sian	sail	seil	sien
fl eg	flin	phlé	phry	phre	phthi	fouil	foin	froi	franc	for	ful	fleur
gl ar	gloi	gran	groi	gal	gel	gien	gion	gap	gir	ger	gor	gad
g am	gem	gim	gom	gum	goin	goi	gal	gel	col	cel	coq	cien
c iel	cail	cour	coin	can	con	cin	cem	car	cep	cer	cueil	gaz
pl an	plin	prou	prai	proi	per	poil	pail	pour	pax	poin	pion	por
q ue	qui	qu'el	quan	qu'en	ral	rail	rel	reil	rouil	reuil	rien	roi
sl a	sal	sel	soin	sion	soif	s'aug	suin	sanc	soir	seur	sauf	soup
phr a	spas	sper	scrip	splen	sco	sca	scy	sci	mné	psau	spon	sque
s ieur	chef	char	phar	phry	gnon	gneu	sieur	souil	seuil	seul	sail	seil

Un bloc de mar bre. La clar té du jour. Le poi trail du che val. Le bouc et la chè vre. Le gar dien du châ teau. Le ciel est clair. La course du che vreuil. Un œil de bœuf. Le chlo re pu ri fie l'air. La chry sa li de du ver-à-soie. Lu cien a u ne phthi sie pul mo nai re. Les fleurs de mon jar din. L'her be de la prai rie. Le coq et le chien. Le dé gel vien dra bien tôt.

Tu n'es guè re in gam be. L'é clai ra ge au gaz. Les plan tes des prai ries. Un cha peau de poil de cas tor. Qu'el le par te quand el le vou dra. Le ré veil du lion. Les chas seurs ont tu é un che vreuil et un é cu reuil. La pen sion du mi li tai re. Le froid aug men te ce soir. Voi là le sque let te du chi rur gien. La des crip tion d'u ne cam pa gne. Le seuil de la por te. Le fau teuil du maî tre.

Bien apprendre la récapitulation. Pour les exercices : faire décomposer le 1ᵉʳ mot de chaque ligne, comme cela est indiqué, en faisant dire : **bl...ac=blac**, etc. S'il y a embarras pour les autres mots on les fait aussi décomposer ou bien on les décompose soi-même et l'élève dit le mot.

Dans les exercices sur le **c** et le **g**, employer ce moyen : Vous savez qu'on dit **c...a=ca**, alors vous direz **c...am=cam**; on dit **c...i=ci**, donc vous direz **c...ir=cir**. Vous direz **gon** et non pas **jon** parce qu'on dit **go**. Vous direz **gel** parce qu'on dit **ge**, etc. Avec quelques explications analogues, les élèves n'éprouvent guère de difficultés. Avoir soin, de faire lire horizontalement, verticalement, puis à travers. Dans les phrases, on ne dira aucun mot à l'élève, ce qui favoriserait la paresse et empêcherait l'attention ; on s'adresse au plus habile ou bien on fait décomposer ou enfin on décompose soi-même. *Cette règle est de rigueur.*

11ᵉ Tableau. RAPPROCHEMENTS ET RÉCAPITULATION GÉNÉRALE.

Rapprochements.

ba ab be eb ac ca ce ec ci ic oc
co da ad ed de of fo ef fe ga ag
ge eg ig gi go og gu ug ge gue
ig gi gui ha ah hé eh ek ke el
le am ma em me im mi om mo
um mu na an ne en hi in yn ny
no on un nu ep pe pi ip quo oq
re er es se av va xe ex az za.

on ou no eu en ne au an na ou
uo oi io eu éu ué ai ia ay ya au
ua eau éau ou uo oui iou oin ion
ci ié éi ien ein ieu ian ain iau al
ail lai el eil lei liai lia lié eul euil
leu lieu œil lei oul lou ouil loi lio.

bel ble bre ber sra sar gil gli gla
gal gel gal gle gol glo cer cre cir
cri cro cor cur lan gue lan ge
rou gir gué rir gui mau ve gémir man mau mon mou toi tio
teu ten vai via vei vié loui liou
soin sion soi mien mieu miau
mian bail blai bal seul seuil sieul
souil soul plain plian poin pion
loin lion goin gion foin foi fion
fiou strein strien plain plian plei.

ca deau. ca dran. che vaux. che-
veux. pia no. païtre. sal ve. sla ve.
Jan vier. Fé vrier. Mars. A vril.
Mai. Juin. Juil let. Août. (ou)
Sep tem bre. Oc to bre. No vem-
bre. Dé cem bre. Lun di. Mar di.
Mer cre di. Jeu di. Ven dre di.
Sa me di. Di man che.
Pou pée. Vi o lon. Voi le. Tau reau.

Récapitulation générale.

Le pon pon de ma ca lot te. (1) La
sa ges se é ter nel le. Le Dieu
d'Is ra ël. Ce vais seau a fait
nau fra ge. La bous so le gui de
les na vi ga teurs. La bé cas se
a un long bec. Cet te pom me est
très-bon ne. Cet hom me a dres se
u ne let tre à ses mar chands.
Le suc cès m'en chan te. Un accès dif fi ci le. Je vais des cen dre
de voi tu re. Ce dis cours m'a fait
im pres sion. Il faut dis cer ner
le bien du mal. Je m'abs tiens de
mal fai re. Je re pas se mes questions. Je syl la be mes mots.
J'ap prends ma gram mai re. Un
hom me il lus tre. J'é vi te les
ex cès. Je crains les ac ci dents.
Il a comp té qua tre coqs et moi
cinq. Il s'est fait u ne pi qû re.

La terre tourne autour du soleil.
Le bail du locataire. Le tonnerre
gronde. Une affaire personnelle.
La clochette et la sonnette. Le
travail difficile. Le deuil de ma
tante. Le seuil de la porte. Un
œil de bœuf. Le réveil du lion.
Un recueil de chansons. Le fauteuil ancien. Le fenouil est une
plante. Le Dey d'Alger. La ville
de Foix. Le bourg de Darney. Le
village de Vincey. Je vois clair.
Vous avez raison. Le rez-de-chaussée. Du gaz hydrogène.

Recommander à l'élève de bien faire attention à la première lettre, par laquelle il doit toujours commencer. C'est ici que la décomposition lui sera utile s'il a appris à la bien faire. On fera la récapitulation de tous les moyens indiqués.
(1) Dans la lecture, quand deux articulations semblables sont ensemble, la première appartient à la syllabe précédente et se prononce très-peu, et la deuxième appartient à la syllabe suivante et se fait sentir.

MIRECOURT, TYP. HUMBERT, LIBRAIRE-ÉDITEUR.

12ᵉ Tableau.   EXERCICES SUR LES SONS.

1° a
Papa, hardi, Pharaon, kaolin (*terre à porcelaine*), ratafia, tabac, estomac, almanach, un bras, le canevas, du chocolat, un trat, un rat, du drap. Bah! ne va pas t'amuser sur un tas de plâtras.

2° à
Le bâton, du pâté, le veau gras, le bas étroit, un appât trompeur, un dégât nuisible. Ha! le beau soldat.

3° e
Une chevelure blonde, ma langue est épaisse, je me retourne, tu parles, tu causes, tu te trompes, mes camarades parlent, ils causent, ils se trompent, ils courent, ils sautent, ils craignent. Ils haranguent leurs soldats.

4° e
allonge le son précédent.
Je joue, tu joues, ils jouent. Les roues tournent. La vue. La vie. La scie. Les vues. Les scies. Ils prient. Ils scient du bois. Nous jouerons, vous prierez, vous lierez vos paquets, vous étudierez vos leçons, ils crieront après moi, ils broieront du poivre.

5° eu
(*Faire attention à la prosodie*). Le jeune homme. Le peuple de Dieu. Un pieu, des pieux (*piquets*). Un lieu, des lieux. Veuf, neuf, œuf. — Le peu, le neveu, le jeu, les neveux, les jeux, la queue, deux hommes heureux, je veux, tu veux, il veut, je peux, tu peux, il peut, le vœu, les vœux, l'enfant Pieux. — La peur, trompeur, ma sœur, le bonheur, le cœur, le malheur, ils veulent, ils peuvent, la meule, une veste neuve, pleurer, une bonne œuvre, un œuf, un bœuf, la preuve, une épreuve, heureuse. — Ce jeune homme jeûne.

6° eu = u
J'ai eu, tu as eu, il a eu. J'eus, tu eus, il eut, nous eûmes, vous eûtes, ils eurent. Il eut eu, nous eûmes eu, qu'il eût eu.

7° é...ié
Il a été trompé. Dites la vérité. La célérité. Le boucher, le boulanger, le cocher, le potager, le verger, les potagers, les vergers, le souper, le coucher, sauter, jouer, danser, confier, convier, envier. Mouchez votre nez. Allez chez André qui est au rez-de-chaussée. Craignez la rosée. La fée, trouée, bouée.

13ᵉ Tableau.   EXERCICES SUR LES SONS (suite).

7° é...ié
: Fœtus, œsophage, œdème, œcuménique, OEdipe (*bref*). Moitié, la pitié, l'amitié. Le pied, les pieds, je m'assieds, tu t'assieds, il s'assied, cette couleur vous sied bien. Le rosier, le prunier, les abricotiers, les amandiers, les figuiers, de l'acier. — J'ai joué, je jouerai, j'étudierai, je m'amuserai, je finirai (*et tous les futurs des verbes*).

8° è...iè
: (*Veiller à la prononciation*). Le père, la mère et le frère se promènent. — Le procès, le succès, un accès de fièvre. — Je mets mon bonnet, tu mets ton bonnet, tu mets ton gilet, elles mettent leurs cornettes, ils jètent leurs casquettes, ils raclent leurs baguettes, j'avais, tu avais, il avait, il priait, il donnait, il sautait, il dansait, ils écoutaient, ils glissaient, ils traînaient, ces enfants étudiaient, les orphelins pleuraient. — La mienne, la tienne, la sienne. — Hier le blé était plus cher qu'avant-hier. Une cuiller de fer. Mon cher frère, ne sois pas si fier. La mer. Lucifer. Enfer. Un ver de terre. Je lis de beaux vers. Je bois dans un verre. Le tiers. — Le cierge de la vierge. La perte. La vertu. La ferme. La fermeté.

9° è ai ei
: (*Long*). La tête, la tempête, la quête, la requête, une enquête, les têtes, le pêne de la serrure, vêtir, le rêve, un arrêt, être sage. — (*Plus bref*). La peine, la reine, la Seine, la veine, la baleine, la neige, un geai, la raison, une châtaigne, une araignée, le saigneur, se baigner, entraîner. Les, mes, tes, ses, ces, des. (*Encore plus bref.*) Enseigner, le seigneur, une enseigne, de la vaisselle, un vaisseau, engraisser, je fais, tu fais, elle fait, Darney, Annonay, Vincey, Fumay. — Le Dey (*dé*) d'Alger, le Bey de Tunis, Botany-Bay; Eylau.

10° i...y
: Midi, poli, joli. Le jury, synonyme, satyre, le tilbury, kyrielle, syllabe, les yeux, hymne, physique, Yorck. — Henry a un joli fusil, du persil, un outil.

14ᵉ Tableau.   EXERCICES SUR LES SONS (suite).

10° i. Un pantalon de coutil. Remy est gentil. — Un nid de perdrix. Tant pis mes amis ! La souris et la fourmi. J'ouvris le nid et je n'y vis ni œufs ni petits.

11° î...ie Le gîte, l'épître, je lie, tu lies, elle lie, la scie, je convie, tu convies, elle convie, elles convient, tu pries, ces femmes prient, elles s'estropient, il calomnie, ils calomnient.

12° y = ii Le pays, le rayon = le païs, le raiion. — Paysan, paysage, le moyeu de la roue, nettoyer ses allées, employer un moyen, balayer la chambre, nous croyons ce que nous voyons, vous payez vos loyers, grasseyer, grasseyement.

13° i ii yi Nous lions, hier nous liions, nous prions, nous priions, nous scions, nous sciions, nous balayons, hier nous balayions, nous voyons, nous voyions, nous appuyons, nous appuyions, vous appuyez, vous saluez, vous saluiez, vous remuez, vous remuiez.

14° o (*Bref.* Veiller à la bonne prononciation.) Poli, politesse, dévot, bigot, sabot, fricot, turbot, sot, marmot, sottise, capotte, marmotte, la hotte, notre, votre. (*sonore.*) Le bord, le tort, hors, dehors, le sort, je dors, elle dort. Ce cheval mord son mors. Je crains la mort.

15° ô = au eau (*Long.*) Les apôtres, le nôtre, le vôtre, les nôtres, les vôtres, la côte, ôter. (*Moins long.*) Le bureau, le cadeau, les bureaux, les cadeaux, les chevaux, les canaux, un étau, un levraut, le fléau, le préau, du gruau, le noyau, le joyau, le tuyau. Le Turc et le Maure. Le dos, le repos, le propos. Nos animaux, vos bestiaux.

16° u Une prune, une plume. Je m'enrhume, tu t'enrhumes, je m'humilie, elle s'humilie, la chute, le lut n, le luth, le luthier, la hutte, la butte, la culbutte.

17° û = ue La flûte, brûler, cette poire est mûre. La vue, la rue, je sue, tu sues, elles suent, je remue, ils remuent, j'éternue, elles éternuent.

15ᵉ Tableau.   EXERCICES SUR LES SONS (suite).

17° û = ue

La ciguë, une réponse ambiguë. Le mur croule, ce fruit est mûr. Je suis sûr qu'il était sur ce mur pour cueillir des fruits mal mûrs.

18° an am en em

Chanter, manger, danser, dansant, mangeant, nageant, croquant, narguant, intriguer, intriguant, Jean va au champ, il a vu le camp. Amphibie, ampleur, ampoule, encenser, endurer, emporter, empêcher, emmener, emmancher, je vends, je fends, il prend, il entend, il sent, il est prudent. Je tremble de ne pas être exempt. Voilà des gens bien sensés.

19° ien = iin en = in

Le mien, le tien, le sien, un rien, le chien, du bien, le chrétien, le bienfaiteur, soyez le bien venu. Je conviens, j'obtiens, je tiens, je retiens, ma sœur revient (et tous les verbes en *enir*). Ancien, cananéen, européen, examen, mentor, vendéen, agenda, pensum, Benjamin.

20° { ent = e ient = î } dans le pluriel des verbes.

Elles aiment, elles chantent, elles parlent, ils suent, ils étudient, ils percent, ils rient, ils lient leurs gerbes, ils lisent leur histoire. Ces plantes croissent, mes melons grossissent. — COMPARAISONS. Elles s'amusent à des jeux innocents. Elles s'avancent vers Vincent qui a cent ouvriers qui percent un mur. Les gens indolents parlent lentement. Les imprudents perdent leur argent. Les poules du couvent couvent leurs œufs à l'abri du vent. Mon frère vient, cet homme convient qu'il a tort; ces autres convient leurs amis à un festin. Ils envient mon sort, on vient de me le dire. Les chiens se purgent avec du chiendent. Ils dépensent tout leur argent. Ils mangent leur bien. Quotient, patient.

21° ien = ian

La science, le client, la clientelle, l'expédient, l'expérience, la patience, l'audience. Orient, s'orienter, Jules est patient, voilà des ingrédients.

16ᵉ Tableau. EXERCICES SUR LES SONS (suite).

22° in im ain aim
Le vin, le raisin, impur, impoli, vaincre, plaindre, craindre, contraindre, peindre, teindre, feindre, éteindre. Syndic, synthèse, sympathie, symphonie. La faim, faim-valle, un daim, un essaim. J'ai faim. La fin du monde. Un saint, une sainte. Sain, saine, Saint-Germain, cinq hommes, apposer son seing. J'ai mal au sein. Je suis ceint d'une ceinture. Je feins, je teins, je crains, je contrains, je plains. Je chante du plain-chant. Mes vases sont pleins, cette bouteille est pleine.

23° on om
Suivre le bon ton, le ponpon de ma calotte, je me trompe, la pompe, pomper de l'eau. Je romps un bâton, je tonds mes moutons, je suis prompt. Ce nid est rond. Ce fossé est long et profond. M. le comte me conte un conte sur le compte d'un vagabond qu'on emmène en prison. Je fonds du plomb. Ce mur est d'aplomb.

24° un um eun
Un tribun, aucun, chacun, défunt, défunte, emprunt, emprunter, humble, humblement, parfum, être à jeun.

(Dans les mots ci-dessous où il y a une double lettre, on n'entend guère la 1ʳᵉ.)

25° an+n=an
Année, anneau, annuel, annuler, annoncer, annonciation, annonce, annihiler. — condamner, condamnable, damner damnation.

26° am+m=am
Ammoniac, ammonite, amnistie, amnistier, Joram, Jéroboam, Abraham, Priam.

27° en+n=èn
Le mien, la mienne, le tien, la tienne, le sien, la sienne, ancien, ancienne, ennemi, ennéagone, étrennes, étrenner, Vincennes, la forêt des Ardennes. Amen, abdomen, éden, gramen, gluten, hymen, pollen, lichen *(liken)*, renne, spécimen, (excepté : ennoblir = anoblir, ennui, ennuyer, ennuyeux.

28° em+m=èm
Dilemme, Emmanuel, Emmaüs. Hem! harem, idem, ibidem, item, Béthléem, Réquiem.

29° em/en =am
La femme, femmelette, prudemment, diligemment, ardemment, fréquemment, savamment, méchamment. Solennité, hennir.

17ᵉ Tableau. EXERCICES SUR LES SONS (suite).

30°
in + n = in̄
Innocent, innocence, innombrable, inné, innover, innovation, in-octavo, inhérent.

31°
im + m = im̄
Immobile, immuable, immortel, immodeste, immoler, s'immiscer, immense, immédiat, immémorial, immensité, immérité, olim, intérim.

32°
om + m = om̄
L'homme, la pomme, hommage, le dommage. Une somme, le sommeil, sommeiller, omnibus, omnivore.

33°
on + n = on̄
Une bonne tonne, le tonneau, tonnelier, tonner, le tonnerre. Il a fait un bel automne.

34°
um = om̄
Album, décorum, factum, géranium, opium, sodium, du rhum, palladium, pensum, maximum.

35° un / um } = on̄
Punch (*ponche*), Rumb, Rumfort, Cumberland.

36° ou
Le joujou, le verrou, le clou, le brou de la noix, les verrous, les clous, je mouds, tu mouds, elle moud, du houblon, du houx, la toux.

37°
où oue (long)
Ma joue est remplie de boue. La croûte de mon pain. Je joue, tu joues, elle joue, ces enfants jouent.

38°
oi = oua (bref)
Viens *voir* le roi, moi, toi, soi. Le mois de juin. Je sème des pois, je gaule des noix. La croix, la voix. Je bois, je crois.

39°
oi = oie (plus long)
Boire, croire, accroire, voir, avoir, devoir. — La joie, une oie. Ces hommes voient clair. Ils croient qu'il faut qu'ils soient habillés en soie. Croître, décroître, une boîte.

40°
Diphthongues
ou
Sons composés
Noé, Joab, Booz, Diogène. Dieu a créé le monde. La nuit. Je jouis. Louange. Je remuai, tu remuas, il remua. Un étui, l'odeur suave. Le duo, la fiole. Il a tué un loir. Il est bien loin. Il a secoué la poussière de ses souliers. Oui, c'est aujourd'hui que je récolte mes fruits. J'ai joué du violon dans un coin. Un poète, le poelle, la moelle, moelleux, un moellon.

41° ·· Tréma
Ouïr, l'ouïe, Saül, Abisaï, Esaü, Laïque, naïf, haïr, ciguë, ambiguë, ambiguïté, contiguë. L'achaïe (*akaïe*) est une ancienne contrée. Sinaï, aïeux, stoïcien, égoïsme, égoïste, baïonnette, baïoque (*pièce de monnaie*), cariabe.

18ᵉ Tableau. EXERCICES SUR LES ARTICULATIONS.

1° B — Le bonbon, le bambin, le bouchon *(quand le b est double on n'entend guère le 1ᵉʳ)*. abbé, abbesse, abbaye *(abaiie)*, Oreb, Joab.

2° C — Cadet, cadeau, cacao, accorder, accord, raccommoder *(quand il se trouve devant e ou i et qu'il est double, le 1ᵉʳ se prononce k et le 2ᵉ s)*. Accès, accessible, succession, succéder, succès, accident, accidentel. — Le bec, le bois sec, le tric-trac, une écuelle, un écureuil. — La leçon, la façon, la façade, le reçu, ceci, cela, cécité, cicatrice.

3° K — Un kilomètre, le koran, kaolin *(terre à porcelaine)*. La kermesse *(fête hollandaise)*, kiosque *(pavillon turc)*, mon képi est déchiré. Je brûle du coke.

4° Q — Pourquoi voulez-vous que je tue mon coq le cinq ou le cinquième jour de ce mois. Il a une grave piqûre. Qu'en pensez-vous. Vous sortirez quand vous voudrez, quant à moi je reste ici.

5° Qu = cu — Questeur, questure, quintuple, équitation, quinquennal, quinquagésime, liquéfaction, liquéfier.

6° Qu = cou — Aquatique, aquarelle, équation, équateur, quadrupède, quatuor, quadruple, quadrupler, quadragénaire, quadrature, quadrilatère, quadragésime, quadrangulaire.

7° D — David, Denis, addition, additionner, reddition, Gad, Galaad.

8° F — En Février il fait froid. Affaire, difficile. Un œuf, un bœuf, le veuf, le nombre neuf, bref, vif, craintif.

9° PH — Joseph, Joséphine, Philippe, Euphémie, Pharaon, Pharamond. Un apostrophe. Le phosphore est une substance très-inflammable. Le philosophe. Euphrosine lit une phrase. Phraser, phraséologie, Phlégéton *(fleuve)*, phlogose *(inflammation)*, phlébotomie *(saignée)*, sphère, sphérique *(rond)*, sphinx *(monstre fabuleux)*, phtisie *(maladie)*, asphixier.

10° G — Le gage, gémir, le général, ce garçon est guéri, la guerre, de la guimauve, une jolie guitare. Georges a engagé ce garçon. Ce bourgeois a gagné sa gageure *(gajure)*. Ce cheval mangea dans sa mangeoire. Du sirop d'orgeat. La drogue, languir, une figue, le figuier, la langue, guenille, suggérer, suggestion. Ce sentier est tracé en zig-zag, orgue, anguille.

11° Gu — *Se prononce dans :* L'aiguille aiguë, aiguillon, aiguillonner, aiguiser, arguer, ambiguïté, lenguistique, sanguinolent. La ciguë empoisonne.

12° Gu = gou — Alguazil, lingual.

13° H — *Ne se prononce qu'avec c ou p.* Les habits de ces hommes, les herbes sont épluchées, les humbles s'humilient, le rhume m'étouffe, s'honorer. Ah ! quel malheur ! *Ne faites pas la liaison sur les h suivantes :* Il y a des ʜannetons sur les arbres de ces ʜameaux. Les ʜaricots. Les ʜéros. Mes ʜardes. Les ʜalles. Les ʜaches. Nous ʜaïssons le vice.

14° J — Déjà je vois Julien qui joue. Je ne fais pas de jugements téméraires.

15° L (sèche) — La loupe de Lucie est disparue. Le bal a eu lieu dans ce local. Elle est belle. Le ciel est serein. Les poils du cheval. Les cils et les sourcils de Lucie sont jolis. Illustrer, illustration, illuminer, illégal, illégitime. La ville, le village, un mille, un million. Un milliard c'est mille millions, ou bien un billion. Je suis tranquille.

16° L ou LL mouillées — *Quand elle est double la 2ᵉ se prononce peu ou point.* Le travail *(travaïeu)* du bétail, le portail, le camail, du corail, un soupirail, manger de l'ail. — Le soleil, le réveil, le sommeil, un conseil, mes orteils, deux objets pareils, vieil, le seuil de la porte. Le fauteuil, du cerfeuil. Un chevreuil, un cercueil, un écueil, le recueil, de l'orgueil. Mon œil, un œil-de-bœuf, œillet, œillette, œillade. Fenouille, cornouille. — De la paille, la bataille, la mitraille, une caille, bataillon, un bâillon. — Une bouteille, l'abeille, mon oreille, mes groseilles viennent à merveille, une vieille femme, une figure vermeille. — Les feuilles du fenouiller et du cornouiller sont fanées. Je fais la patrouille. Une quenouille, une citrouille, des grenouilles, la douille de mon équerre, du bouillon, un brouillon. Une étrille, une vrille, des quilles, la famille, une coquille, les chenilles rongent ma charmille, ces filles sont près de la grille du parc. — Un œil, un œillet, un œilleton, cueillir, je cueille, recueillir, elle recueille, griller, je grille, piller, elle pille, un pillard, un vieillard.

17° M — Maman est bien bonne. Je m'enrhume à l'humidité. La femme de ménage agit prudemment. S'emménager, emmancher, emmailloter, emmener, des cheveux emmêlés. Le champ, le camp.

19ᵉ Tableau. EXERCICES SUR LES ARTICULATIONS (suite).

18°	N	Quand j'ouvris le nid, je n'y vis ni œufs ni petits. Manier, maniable, maniaque. Les ennemis viennent. J'ai reçu mes étrennes. Je tonds mes moutons. Ce nid est bien rond.
19°	Gn ou n mouillée	Agneau, agnelet, mignon, rognon, pignon, vigne, vigneron, vignoble, ignorant, ignorer, Agnès.
20°	Gn=gueneu	Agnus, igné, ignition, ignicole, ignivore, diagnostic, régnicole, incognito, stagnation, stagnante.
21°	P	La pompe, le ponpon, apporter, appartenir, apaiser, aplanir, le camp, le champ, pratique, s'appliquer, application.
22°	R	Ce rat ronge les croutes qu'il trouve dans la chambre. Hier j'ai perdu ma cuiller. Arranger, arrondir, arroser. Le Rhinocéros. Un bourg (*bourc*). Je courrai, je parcourrai, je mourrai, je verrai (*vairé*).
23°	S	Son sabot est cassé. Ce sac est sec. Le dos, le repos, le pas, le repas, nos, vos, (*Elle se prononce à la fin des mots étrangers et dans quelques autres.*) Aloès, Agnès, Mars, Vénus, angelus. Le stras, du maïs, chorus, as (*carte*).
24°	Sth = s	Isthme (*isme*), asthme, asthmatique.
25°	S = z entre deux voyelles.	Rosalie cueille ses roses. Lisa veut que je lise. Mon cousin est rusé. *Ainsi que dans :* Alsace, alsacien, transiger, transitif, transition, transitoire, transvaser. *Excepté dans :* Parasol, monosyllabe, polysyllabe, préséance, présupposer, vraisemblable, vraisemblablement, etc. *Comparaisons :* Le poisson n'est pas du poison. Ce Russe est rusé. J'écrase de la crasse. Une rose n'est pas une rosse.
26°	Ch ou s palatale.	Je cherche mon chapeau. Mon cheval est cher. Chut! ne chuchottez pas tant. Ces chants sont charmants.
27°	Ch = k	Zacharie, Melchior. Le Christ. Jésus-Christ. Chrétien. Nabuchodonosor. Les Achéens habitent l'Achaïe. Les archanges chantent en chœur. Orchestre. Eucharistie. Echo. Anachorète. Choléra. Chaos, Chanaan, Bacchus, chronique, chrysalide, Achéron, Archonte, patriarchat, technique. Ecole polytechnique. Yacht (*iac bâtiment*). Michel-Ange. Zurich, Norwich, chronomètre.
28°	T	Mettez toute votre attention à l'étude. Ton tuteur t'attend.
29°	Ti = si suivi d'une voyelle.	Punition, pétition, résolution, action, essentiel, martial, minutie, facétie, quotient, patient, etc., *excepté quand il y a r, s, x avant le t :* partie, sortie, mortier, mixtion, question, bastion, indigestion, *ainsi que dans le verbe être et les verbes en ter :* nous étions, vous étiez, nous jetions, vous jetiez, nous portions, nous montions, nous impatientions.
30°	{pt/gt} = te	Sept, dix-sept, septième, vingt, vingt-deux, vingt-sept, etc.
31°	V	Vous voulez votre déjeûner. Devinez ce que j'ai vu ?
32°	W = ou	*Au commencement des mots.* (*Prononcez : double* v.) Wagon, Wasington, Waterloo, Wiski, etc.
33°	W = u	*Au milieu des mots.* Newton, Newcaste, New-Yorck, etc. *Ces mots sont toujours étrangers et ont une prononciation particulière. Ceux qui viennent de l'allemand se prononcent comme s'il y avait un v simple.*
34°	Z	Zéphir, Zaïre. Le zèbre est un animal rayé. Zibeline, zône, Zurich, onze, douze, treize, quatorze, quinze, seize, zéro.
35°	X = cse	Maxime, maximum, la taxe, le luxe, taxer. Le Mexique, sexe, vexer, excès, exportation, exprès, excentrique ; e *qui précède x ne prend jamais d'accent de même que dans les autres articulations doubles ou finales :* belle, ancienne, tel, bel homme. Élisabeth, Joseph.
36°	X = gze	Exercer, exercice, exil, exode, exorde, exhumer, Xavier, Xerxès, Xénophon, Xantippe, exempter, exemption, examen, exemple, exercice, exhumer, inexorable, exact, inexact.
37°	X et tz = se	Six, dix, Bruxelles, bruxellois, soixante, Cadix, Aix, Aix-la-Chapelle, Auxonne, Auxerre, Metz, Coblentz, le cardinal de Retz.
38°	X = ze	Deuxième, sixain, sixième, dixième, deux hommes, dix enfants.
39°	X nul.	Dix pommes, six poires, peureux, paresseux, honteux, affreux, heureux, malheureux.

MIRECOURT, TYP. HUMBERT, LIBRAIRE-ÉDITEUR.

20e Tableau. LETTRES NULLES AU MILIEU DES MOTS ET A LA FIN.

1º	a id.	Aoriste (*oriste*). La Saône, août, aouteron, saoûl, taon, toast (*toste*).
2º	b id.	Du plomb, aplomb, a*b*bé, a*b*besse, abbaye (*abaïe*), etc.
3º	c id.	Tabac, estomac, almanach, broc, accroc, le banc, blanc, franc, marc.
4º	d id.	Grand, rond, je fonds, je fends, je tonds, le nid, froid, canard, le pied, un poids.
5º	e id.	Jean est à jeun, asseoir, surseoir, Caen (*ville*), la pensée, hottée, la joie.
6º	f id.	Affable, difficile, différence, une clef (*clé*).
7º	g id.	Hareng, étang, sang, sang-sue, rang, faubourg, doigter, signet, long.
8º	h id.	Homme, honneur, humidité, huile, cahot, chaos, rhume, rhubarbe, thé, trahir et partout où elle n'est pas après c ou p comme dans : cher, phosphore.
9º	i id.	Je mange des oignons et des poireaux (*onion, poreau*).
10º	l	Vi*l*le, vi*l*lage, baril, coutil, outil, fusil, fournil (*de four*). Le pouls de mon fils bat vite, de l'ail, des aulx.
11º	m	Po*m*me, co*m*mode, automne, flamme, damner, condamner.
12º	n	Une canne, monsieur (*mocieu*), donner, une bonne tonne.
13º	o	Un faon (*fan*), un paon, une paonne, un paonneau. La ville de Laon.
14º	p et pt	Un coup, drap, galop, loup, baptême, anabaptiste, compter, comptable, cheptel, dompter, exempter, symptôme, promptitude, sculpter, sculpteur, septième, prompt, exempt.
15º	r	Le boucher, le rucher, le noyer, le loyer, le noisettier, le cocotier.
16º	s	Le bas, le tas, le dos, le repos, la souris, le tamis, le logis, le tiers, les gens, Vosges.
17º	t	L'avocat, le dégât, le chat, le salut, le début, le rebut, le profit, le conflit, le pot, le sabot, le tout, le bout, les Goths, les Visigoths.
18º	nt	Ils savent, ils lisent. Les hommes pensent, réfléchissent, agissent et travaillent. — Les hommes prudents et intelligents ne perdent jamais leur argent; ils arrangent leurs affaires et les règlent toujours à temps.
19º	x et z	La croix, la voix, la paix, le faix, la faux, doux, époux, jaloux, frileux, paresseux, le flux, le reflux. Le nez, le rez-de-chaussée, vous avez, vous étudiez, vous lisez.

QUELQUES LETTRES QUI SE PRONONCENT.

Joab, Jacob, Job, rob, roc, soc, cric-crac, sud, David, Galaad, neuf, veuf, vif, Joseph, cap, cep, Julep, salep, cinq, coq, as, atlas, Jonas, vasistas, albinos, mérinos, rhinocéros, us, argus, angelus, calus, blocus, fœtus, hiatus, olibrius, prospectus, rébus, vénus, bis, adonis, gratis, iris, lis, jadis, métis, maïs, vis, Clovis.

Payer le cens. Les villes de Sens et de Reims. Un fat, opiat, vivat, Goliath, une dot, brut, chut! occiput, luth, accessit, déficit, prétérit, huit, rit, zénith, net, Elisabeth, Nazareth, Félix, préfix, phénix, index, silex, lynx, gaz. — Arc, parc, talc, turc, Mars, tact, exact, abject, correct, infect, busc, musc, fisc, serf, est, ouest, zest, zist, Christ, rapt, strict, laps, distinct, mœurs.

21ᵉ Tableau. LIAISON DES MOTS ET ÉLISION DU SON FINAL.

La **LIAISON** est la prononciation de l'articulation finale d'un mot sur le son initial du mot suivant, comme si les deux mots étaient liés ou attachés ensemble. Exemple : Les hommes, mes amis; lisez : *lèzomes*, *mèsamis*. La liaison se fait pour la douceur et la beauté de la prononciation. Souvent la lettre *h*, qui était autrefois une articulation gutturale ou dure, empêche cette liaison. Ex. : Les haricots, les haches; lisez : *lè aricots*, *lè aches*; voilà sa seule utilité aujourd'hui. Si on la prononçait comme autrefois, cela nous semblerait maintenant aussi dur et désagréable qu'un coup de *h*ache des gaulois ou des germains d'où nos articulations rudes sont tirées. Dans la liaison, les lettres qui sonnent le plus souvent sont :

1° **c, g, q, = k.** Ex. Un franc ivrogne, le respect humain, le sang humain, cinq œufs, etc. lisez : *frankivrogne, respèkumain, sankumain, cinkœufs.*

2° **d = t.** Ex. Un grand homme, un petit enfant, etc. lisez : *un grantome, un petitenfant.*

3° **f = v.** Ex. Neuf ans, neuf hommes, etc., lisez : *neuvans, neuvomes.*

4° **s x = z.** Ex. Les hommes, deux enfants, dix arbres, etc., lisez : *lèzomes, deuzenfants, dizarbres.*

5° **l, n, p, r, t.** Ex. Be*l* enfant, bo*n* ami, divi*n* amour, i*n*-octavo, tro*p* étroit, appele*r* un ami, tou*t*-à-fait, qu'on prononce comme dans : *Bèlenfant, bonami, divinamour, inoctavo, tropétroit, appelèrunnami, toutàfait.*

6° Les finales de quelques mots se font aussi sentir devant un son, ou quand ces mots finissent une phrase. Ex. : cinq, six, sept, huit, neuf, vingt, tous, etc.; mais on ne les prononce pas si elles sont suivies d'une articulation. Ex. : cinq noix, six pommes, tous les hommes, comme dans : *cinnoix, sipommes, toulèzomes.*

7° **t** sonne dans *est* : Cette poire es*t* un bon fruit, elle est agréable.

— **t** ne sonne pas dans *et* : Une poire et une pomme, une noix et une noisette.

On ne peut pas donner de règles fixes pour la liaison des mots; il faut s'en rapporter à l'usage, mais principalement consulter le bon goût et l'ouïe. S'il y avait équivoque, ridicule ou affectation, ou si l'on pouvait faire un léger repos entre deux mots, on ne devrait pas les lier, Ex. : *Vin amer, il est léger à la course, mon banc est trop élevé, un estomac affaibli, sourd et muet. Ce sort est affreux, les onze premiers, le loup et le renard, le renard et la poule.* Dans faubourg, quatre-vingts, Jésus-Christ, des œufs, des bœufs; on n'entend pas les finales quoiqu'elles se fassent sentir dans : bourg, vingt, Christ, œuf, bœuf. Pour bien faire les liaisons, il faut exercer beaucoup les enfants et de bonne heure, et surtout faire naître le bon goût.

L'ÉLISION est la suppression, pour la prononciation, de la finale muette d'un mot. Ex. : Belle et bonne, douce et fraîche, qu'on prononce : *bèlet bon, doucet fraich*, en prononçant seulement les articulations *n, ch*, comme on prononce *l f* dans e*l*, e*f*.

Si l'*Elision* est la suppression, pour l'écriture, des finales *a, e, i*, comme dans : *l'âme, l'enfant, s'il*, qu'on met pour *la âme, le enfant, si il*, cette partie est du domaine de la grammaire ainsi que la *contraction* ou la fusion de deux mots en un seul, comme *au* pour *à le*, *du* pour *de le*, etc.

22ᵉ Tableau. ACCENTUATION ET PONCTUATION.

On nomme ACCENT l'élévation ou l'abaissement de la voix, ou une manière quelconque de prononcer les mots. Chaque peuple a son accent et même chaque province. On dit donc d'une personne : Elle a l'accent allemand, italien, etc., si c'est un français, il peut avoir l'accent gascon, lorrain, etc. La différence de l'accent entre les peuples s'explique par la différence des éléments du langage; mais cette différence entre les provinces d'un même état ne devrait plus avoir lieu si l'instruction était donnée uniformément, et surtout si l'on cherchait à abolir ces anciens idiomes particuliers qui existent encore. En grammaire, on nomme *accents* certains petits signes employés, soit pour modifier une voyelle et lui donner une autre valeur, comme dans : *étrille, étrillé; être indigne, être indigné*, soit pour distinguer certains homographes, comme : *il a la fièvre, il va à Paris depuis là*, soit pour indiquer la suppression d'une voyelle ou donner une autre valeur à un mot comme dans : *l'esprit de Saül, l'ardeur de Moïse.*

On distingue donc l'*accent logique* ou oratoire, qui consiste à faire les repos nécessaires et à prononcer les phrases sur le ton qui convient. Ex. : *Louis, avez-vous bien travaillé ?..... Louis, que vous avez bien travaillé !* et l'*accent grammatical* qui consiste dans les signes nécessaires pour la prononciation et la valeur des mots, Ex. : *arrive, drogue, Aigue*, qu'il ne faut pas confondre avec *arrivé, drogué, aiguë.*

L'ACCENTUATION est l'art de donner au langage le ton convenable; c'est aussi la connaissance et la manière d'employer les signes que l'on a adoptés pour cela. Cette connaissance est appelée *accentuation logique*, ou plus communément *ponctuation.*

L'*accentuation* qui consiste à placer les signes nécessaires pour la prononciation et la valeur des mots est nommée *accentuation grammaticale* ou simplement *accentuation.*

SIGNES DE PONCTUATION (accentuation logique).

1°	2°	3°	4°	5°	6°	7°	8°	9°	10°	11°	12°
Point	Deux points	Point-virgule	Virgule	Point interrogatif	Point exclamatif	Points suspensifs	Tiret ou Trait de séparation	Parenthèse	Guillemets	Astérisque ou Renvoi	Paragraphe
.	:	;	,	?	!	....	—	( )	« »	* (1)	§§

EMPLOI DES SIGNES DE PONCTUATION.

1° POINT. Ne promettez que ce que vous pouvez tenir. Il faut remplir ses engagements. L'homme propose et Dieu dispose. Un bon *tien* vaut mieux que deux *tu l'auras.*

2° DEUX POINTS : Mes petits amis, retenez bien ceci : Aimez le travail et la vertu : sans cela il n'est point de véritable bonheur. Pensez aussi à ces paroles d'un sage : Chacun doit être l'artisan de sa propre fortune. Un avare est un malade qui meurt étouffé dans son sang : un prodigue, au contraire, est un autre malade qui meurt à force de saignées.

23ᵉ Tableau. EMPLOI DES SIGNES DE PONCTUATION (suite) ET SIGNES D'ACCENTUATION.

3° *Point-virgule;* L'homme ressemble à l'œil, qui ne saurait souffrir la moindre impureté sans s'altérer; c'est une pierre précieuse dont le moindre défaut diminue le prix.

4° *Virgule,* Mes amis, le regret du passé, le chagrin du présent, l'inquiétude sur l'avenir, sont les fléaux qui affligent le plus le genre humain.

5° *Point interrogatif?* Qui êtes-vous? Que voulez-vous? Où allez-vous? — Voulez-vous savoir comment il faut donner? mettez-vous à la place de celui qui reçoit.

6° *Point exclamatif!* O cieux! que de grandeur et quelle majesté! J'y reconnais un maître à qui rien n'a coûté.

7° *Points suspensifs.....* Où porté-je mes pas?..... D'où vient que je frissonne?..... Moi!..... des remords?..... Qui?..... moi?..... le crime seul les donne.

8° *Tiret —* Jouis. — Je le ferai. — Mais quand donc? — Dès demain. — Eh! mon ami, la mort peut te prendre en chemin.

9° *Parenthèse ( )* Mais un fripon d'enfant (cet âge est sans pitié) prit sa fronde et d'un coup tua plus d'à moitié la volatile malheureuse.

10° *Guillemets « »* Certain homme amena son fils à Aristippe et le pria d'en prendre soin. Aristippe lui demanda cinquante drachmes. « Comment, cinquante drachmes! s'écria le père de l'enfant, il n'en faudrait pas tant pour acheter un esclave. » Va donc l'acheter, lui dit Aristippe, et tu en auras deux.

11° *Astérisque ou Renvoi* * (1) Quelqu'un dit au grand philosophe (*), en versant des pleurs: « Vous mourrez donc innocent? » Aimeriez-vous mieux que je mourusse coupable?

12° *Paragraphe §.* Le code d'instruction criminelle, entre autres articles, porte celui-ci:

Art. 9. La police judiciaire sera exercée sous l'autorité des cours impériales, et suivant les distinctions qui vont être établies,

    Par les gardes champêtres et les gardes forestiers,

    Par les commissaires de police,

    Par les maires et les adjoints du maire, etc., etc.

Le § 1ᵉʳ nous fait voir que la loi attache tant d'importance à la sécurité de tous les citoyens, qu'elle met des fonctionnaires jusque dans les plus petites localités; le § 3 nous fait voir que le maire d'une commune, outre qu'il en est l'administrateur, est encore chargé de veiller au maintien du bon ordre et de réprimer les abus qui pourraient avoir lieu.

SIGNES D'ACCENTUATION (accentuation grammaticale).

Accent aigu	Accent grave	Accent circonflexe	Apostrophe	Tréma	Trait d'union
´	`	^	'	¨	-
Sévérité	Procès	La fête	L'homme	Ciguë	Irai-je
été	auprès	ma tête	l'ardoise	Moïse	pomme-de-terre

(*) Socrate.

24e Tableau. ABRÉVIATIONS LES PLUS USITÉES ET DIFFÉRENTS ALPHABETS.

On nomme abréviation la manière d'écrire certains mots en abrégé ; par exemple :

M. = Monsieur.	Le Sr = Le sieur.	**QUELQUES APPLICATIONS.**
MM. = Messieurs.	S. Ex. = Son Excellence.	
Mme = Madame.	S. Em. = Son Eminence.	Mr Durand rencontra MM. Jacques et
Mlle = Mademoiselle.	S. M. = Sa Majesté.	Philippe chez Mme Bernard qui s'entretenait,
Me = Maître.	S. M. B. = Sa Majesté Britan-	avec Mlle sa fille, d'un acte passé chez Me
Md = Marchand.	nique.	Adam, notaire. Mgr l'Evêque a acheté de
Mgr = Monseigneur.	S. A. R. = Son Altesse Royale.	beaux ornements chez le Sr André Md, qui
N. = Nommez (dire le nom).	S. A. I. = Son Altesse Impériale.	demeure dans la rue Neuve, No 30, succ. de
Na ou N. B. = Nota Bene	S. H. = Sa Hautesse.	MM. Pierre et Compie. Au mois de 7bre, ou
No = Numéro. *(notez).*	S. G. = Sa Grandeur.	d'8bre dernier, j'ai vu une belle cérémonie
P. S. = Post-scriptum	Ex. = Exemple.	où se trouvait S. M. l'Empereur, accompa-
(écrit après).	Etc. = Et cœtera *(et le reste).*	gnée de S. A. R. le Prince N., de S. M. B.
Succ. = Successeur.	T. S. P. = Tournez s'il vous	la Reine d'Angleterre et de plusieurs hauts
1er, 2e, 3e, 4e, der, pour	plait	dignitaires tels que S. A. I. le Prince N.,
premier, deuxième,	7bre, 8bre, 9bre, Xbre, pour	S. Ex. le Prince N., S. Em. le Cardinal N.,
troisième, quatrième,	Septembre, Octobre, No-	S. G. l'Ambassadeur de... etc.
dernier.	vembre, Décembre.	

DIFFÉRENTS ALPHABETS.

Lettres ordinaires	a b c d e f g h i j k l m n o p q r s t u v w x y z
Lettres italiques	*a b c d e f g h i j k l m n o p q r s t u v w x y z*
Capitales	A B C D E F G H I J K L M N O P Q R S T U V W X Y Z
Rondes	a b c d e f g h i j k l m n o p q r s t u v w x y z
Majuscules	A B C D E F G H I J K L M N O P Q R S T U V W X Y Z
Cursives	*a b c d e f g h i j k l m n o p q r s t u v w x y z*
Majuscules	*A B C D E F G H I J K L M N O P Q R S T U V W X Y Z*
Gothiques	a b c d e f g h i j k l m n o p q r s t u v w x y z
Majuscules	A B C D E F G H I J K L M N O P Q R S T U V W X Y Z

EXERCICES SUR LA CURSIVE.

Les conseils de l'Evangile forment le véritable philosophe, et ses préceptes le véritable citoyen. Le jeu est le dissipateur du bien, la perte du temps, le gouffre des richesses, l'écueil de l'innocence, la destruction des sciences, l'ennemi des muses, le père des querelles. L'homme de talent présente les choses avec plus d'avantage; il les choisit avec plus de goût, il les dispose avec plus d'art, il les exprime avec plus de finesse et de grâce.

25ᵉ Tableau.   EXERCICES SUR LES NOMBRES.

Nombres simples.

un	deux	trois	quatre	cinq	six	sept	huit	neuf	zéro.
1	2	3	4	5	6	7	8	9	0

Exercices   0, 9, 8   7, 6, 5   4, 3, 2   1, 3, 4   2, 7, 6   5, 0, 9   8, 3, 1   4, 2, 7   5, 8, 6

Nombres composés.

dix	vingt	trente	quarante	cinquante	soixante	septante (*)	quatre-vingts	nonante (*)	cent
10	20	30	40	50	60	70	80	90	100
11	21	39	41	52	68	77	82	93	125
12 onze	22	38	43	51	69	79	89	99	196
13 douze	23	37	42	53	67	76	87	96	157
14 treize	24	36	45	54	65	74	83	92	148
15 quatorze	25	33	44	56	66	78	85	93	169
16 quinze	26	34	49	59	64	71	81	91	156
17 seize	27	33	47	58	61	73	86	94	178
18 dix-sept	28	32	46	57	63	72	84	98	187
19 dix-huit	29	31	48	55	62	75	88	97	118
dix-neuf									

TABLEAU SYNOPTIQUE DE LA NUMÉRATION APPLIQUÉ AUX NOUVELLES MESURES.

Multiples.   Sous-multiples.

5ᵉ Classe. Trillions.			4ᵉ Cl. Billions ou milliars.			3ᵉ Classe. Millions.			2ᵉ Classe. Mille.			1ʳᵉ Classe. Unités.					
15ᵉ Ordre. Centaines.	14ᵉ Ordre. Dizaines.	13ᵉ Ordre. Unités.	12ᵉ Ordre. Centaines.	11ᵉ Ordre. Dizaines.	10ᵉ Ordre. Unités.	9ᵉ Ordre. Centaines.	8ᵉ Ordre. Dizaines.	7ᵉ Ordre. Unités.	6ᵉ Ordre. Centaines.	5ᵉ Ordre. Dizaines.	4ᵉ Ordre. Unités.	3ᵉ Ordre. Centaines.	2ᵉ Ordre. Dizaines.	1ᵉʳ Ordre. Unités.	dixièmes. déci	centièmes. centi	millièmes. milli
6	7	9 .	8	9	0 .	5	0	4 .	0	6	3 .	5	2	7 ,	6	4	5
	6	0 .	0	0	0 .	4	0	0 .	7	Myria 3	Kilo 0 .	Hecto 0	Déca 2	Unités 5 ,	déci 3	centi 0	milli
		2 .	0	4	6 .	0	0	3 .	6	3	5 .	0	4	0 ,	0	2	4
			2	0	8 .	7	1	0 .	0	0	0 .	3	0	0 ,	0	0	5

Exercices

Chiffres romains.   Remarques.

Caractères employés : **I, V, X, L, C, D, M.**   **I** et **X** placés à gauche d'une valeur supérieure diminuent cette lettre
Valeur en chiffres arabes : 1, 5, 10, 50, 100, 500, 1000. de sa valeur respective, au lieu de l'augmenter.

I = 1	VI = 6	XI = 11	XVI = 16	XXI = 21	XXVI = 26	XXXI = 31	L = 50	LX = 60	LXX = 70	LXXXI = 81	XC = 90	C = 100
II = 2	VII = 7	XII = 12	XVII = 17	XXII = 22	XXVII = 27	XXXV = 35	LI = 51	LXI = 61	LXXV = 75	LXXXII = 82	XCI = 91	CXLIX = 149
III = 3	VIII = 8	XIII = 13	XVIII = 18	XXIII = 23	XXVIII = 28	XXXIX = 39	LV = 55	LXV = 65	LXXVI = 76	LXXXV = 85	XCIV = 94	CCCC = 400
IV = 4	IX = 9	XIV = 14	XIX = 19	XXIV = 24	XXIX = 29	XL = 40	LVIII = 58	LXVI = 66	LXXIX = 79	XXXVI = 86	XCVI = 96	DXIX = 519
V = 5	X = 10	XV = 15	XX = 20	XXV = 25	XXX = 30	XLIX = 49	LIX = 59	LXIX = 69	LXXX = 80	LXXXIX = 89	XCIX = 99	MDCCC = 1800

(*) Il serait à désirer pour les enfants que, pour la simplicité, la facilité et différents autres motifs, on eût conservé les noms de *septante* et *nonante*, comme cela a lieu dans une partie de la Lorraine.

Il est inutile d'expliquer les différents moyens d'employer ce tableau, et de signaler les résultats qu'on peut en obtenir. Employer le tableau noir pour les explications.

26e Tableau.

TABLES pour les 4 premières opérations de l'arithmétique.

1° Table d'addition et de soustraction.

1	2	3	4	5	6	7	8	9	10
2	4	5	6	7	8	9	10	11	12
3	5	6	7	8	9	10	11	12	13
4	6	7	8	9	10	11	12	13	14
5	7	8	9	10	11	12	13	14	15
6	8	9	10	11	12	13	14	15	16
7	9	10	11	12	13	14	15	16	17
8	10	11	12	13	14	15	16	17	18
9	11	12	13	14	15	16	17	18	19
10	12	13	14	15	16	17	18	19	20

2° Table de multiplication et de division.

2	2=4	3=6	4=8	5=10	6=12	7=14	8=16	9=18	10=20
3	3=9	4=12	5=15	6=18	7=21	8=24	9=27	10=30	
4	4=16	5=20	6=24	7=28	8=32	9=36	10=40		
5	5=25	6=30	7=35	8=40	9=45	10=50			
6	6=36	7=42	8=48	9=54	10=60				
7	7=49	8=56	9=63	10=70					
8	8=64	9=72	10=80						
9	9=81	10=90							
10	10=100	100=1000							

MANIÈRE D'EMPLOYER CES TABLES. (mettre toutes ces explications sur le même tableau.)

Après avoir exercé les enfants à compter des nombres concrets, soit des haricots, des cailloux ou leurs doigts, pour les plus petits, et cela jusque 10 ou 20, on peut continuer en les faisant compter alternativement par 10, par 5, par 2, par 3, etc., de cette manière : 10, 20, 30, 40, etc., jusque 100, et 5, 10, 15, 20, 25, 30, 35, etc., puis 2, 4, 6, 8, 10, 12, etc., etc; mais il faut surtout savoir que tous les enfants vont au-devant des idées concrètes en appliquant les nombres à des objets connus, il faut donc les aider au commencement en leur montrant leurs doigts ou autres choses; ainsi, par exemple, on peut prendre une de leurs mains et leur en montrer les cinq doigts, puis placer l'autre à côté et leur dire que ces 5 doigts et 5 autres font 10; prendre ensuite une main d'un camarade et la placer à côté des deux premières en leur disant que 10 et 5 font 15, etc. Il faut avoir soin de leur faire vérifier ce qu'on leur avance en leur faisant compter les doigts séparément. Une fois qu'ils sont un peu familiarisés à ces exercices, ils s'habituent facilement à abstraire, alors on peut leur enseigner la 1re table en leur montrant 2 de la première colonne horizontale et 2 de la première colonne verticale et en leur faisant dire : 2 et 2 font 4 qu'ils trouvent dans la case correspondant à ces deux colonnes; ensuite 3 et 2 font 5, 4 et 2 font 6, 5 et 2 font 7, etc., en leur montrant successivement chaque chiffre de la 1re colonne et le 1er chiffre de la 2e ainsi que la somme qui est dans la case correspondante. Passer ensuite à la combinaison des 10 premiers nombres ou de la 1re colonne avec 3, puis avec 4, etc.; mais il faut les habituer, pour le calcul, à parler laconiquement; ainsi, au lieu de dire : 2 et 3 font 5; 3 et 3 font 6, 4 et 3 font 7, etc., on finit par leur dire : 2, 3, 5; — 3, 3, 6; — 4, 3, 7; — 5, 3, 8, etc. Il en sera de même pour la combinaison de toutes les colonnes. Ce tableau étant bien su de cette manière, les élèves peuvent facilement additionner des nombres quelconques; ainsi, par exemple, il sera facile de leur faire comprendre que, puisque 8, 5, 13; 38, 5, 43, etc. On passera ensuite à la soustraction en les exerçant sur toutes les colonnes. On fera remarquer aux élèves qu'ils peuvent trouver le résultat qui est toujours le 1er chiffre de la colonne horizontale où est le plus grand nombre. Ainsi, par exemple, on leur montre 8 de la 1re colonne horizontale et un nombre quelconque en descendant cette colonne, soit 17, et on leur dit, en abrégé : 8 de 17 reste 9, qu'on leur montre au commencement de la colonne horizontale où se trouve 17. On peut les exercer agréablement en leur cachant la 1re colonne où est le reste et en le leur faisant deviner.

Il est inutile d'expliquer la 2e table; seulement un moyen qui réussit parfaitement pour la faire apprendre est celui-ci : Les élèves apprendront d'abord la 1re case en descendant, et en disant seulement : 2 fois 2, 4; 2 fois 3, 6; 2 fois 4, 8, etc., puis toutes les autres successivement; ensuite on leur donne à réapprendre la 1re case en remontant, de cette manière : 2 fois 10, 20, 2 fois 9, 18; 2 fois 8, 16, etc., puis les autres cases; mais on a soin de ne passer de l'une à l'autre que lorsque la précédente est parfaitement sue. Il faut se rappeler que le moyen d'aller sûrement n'est pas d'aller trop vite. On fera ensuite concevoir que 5 fois 2, 8 fois 4, etc., font autant que 2 fois 5, 4 fois 8, etc., puis on les exercera à travers la table.

Chacun peut varier les procédés à employer pour ces deux tables, et si elles sont bien sues, les quatre premières opérations de l'arithmétique seront faciles à démontrer.

MIRECOURT, TYP. HUMBERT, LIBRAIRE-ÉDITEUR.

27ᵉ Tableau. LECTURE COURANTE. CONSIDÉRATIONS GÉNÉRALES SUR LA MÉTHODE.

Quand nous voulons acquérir une science quelconque ou que nous nous proposons de la transmettre à d'autres, si nous voulons arriver sûrement à notre but, il est nécessaire que nous suivions un ordre convenable, un plan tracé d'avance pour nous diriger dans notre marche; de même, si nous voulons seulement tracer une simple ligne droite, nous prenons une règle pour guider notre main vacillante. Cette marche, ou ce chemin que nous suivons pour acquérir ou pour démontrer quelques connaissances, c'est ce que l'on nomme *Méthode* : la méthode peut être considérée comme la *règle* de l'esprit.

On nomme *Procédés* différents moyens plus ou moins ingénieux, plus ou moins mécaniques que chacun emploie pour faire comprendre une ou plusieurs parties de la science à démontrer. Ces procédés, pour être bons, doivent nécessairement tendre à développer la mémoire et surtout l'intelligence des enfants et non pas à faire de ceux-ci de pures machines ou des perroquets. Malheureusement, jusqu'alors, on a fait à la mémoire une trop large part, et cela au détriment de l'intelligence, sur laquelle on ne compte pas assez. Il suffirait cependant de la cultiver pour la développer; mais il faut lui laisser un certain travail à faire, une certaine allure naturelle à suivre et savoir seulement la guider et non pas la brider ou l'étouffer. En poussant trop loin les procédés on tomberait dans l'absurde ou au moins dans la niaiserie.

Il existe une foule de méthodes, mais toutes peuvent se réduire à deux : *L'Analyse* et la *Synthèse*.

L'Analyse ou la méthode *analytique* consiste à faire voir le tout dans son ensemble, ensuite dans ses grandes divisions et passer de là aux moindres détails.

La Synthèse ou la méthode *synthétique* consiste à faire voir d'abord les plus petits détails, pour passer ensuite aux divisions, puis à la connaissance du tout. Dans les sciences, la synthèse sert de preuve à l'analyse.

La méthode analytique semble la plus naturelle, car la nature ne nous présente que des touts, et c'est à nous à les analyser ou à les décomposer si nous voulons les bien connaître; mais on conçoit que l'analyse doit avoir des bornes, car si nous pulvérisons, au lieu d'analyser, nous finirons par ne plus rien voir. Cette méthode convient très-bien pour celui qui apprend lui-même ou qui a déjà l'intelligence développée : elle a fait faire de rapides progrès à beaucoup de sciences.

Les deux méthodes sont employées pour l'enseignement de la lecture. Dans la première on montre une phrase qu'on fait bien apprendre, puis on fait distinguer chaque mot, puis chaque syllabe et ensuite chaque élément (son ou articulation). Dans la 2ᵉ, on fait d'abord apprendre chaque élément que l'on nomme par un nom de convention, puis on passe à la formation des syllabes, ensuite des mots et enfin des phrases.

On ne peut exclure aucune de ces deux méthodes, car avec les deux on obtient des résultats, mais qui sont plus ou moins satisfaisants selon le degré d'intelligence des personnes auxquelles on enseigne à lire. Voilà ce qui a fait surgir une foule d'autres méthodes calquées plus ou moins bien sur les deux principales; mais aucune n'est parfaite, ni même satisfaisante, car la nécessité du progrès se faisant sentir tous les jours, les praticiens se voient dans la nécessité d'apporter toujours de nouveaux changements, et tandis que les mathématiques et une foule d'autres branches marchent à grands pas, il semble que la lecture reste stationnaire. Toutes ces méthodes semblent prouver leur imperfection, de même que la multiplicité des lois prouve les vices d'une nation. En effet l'une exclut complètement l'autre qui, peut-être la vaut, et les auteurs semblent avoir oublié un point important, c'est qu'ils parlent à des enfants dont l'œil et l'intelligence mal exercés ne peuvent encore saisir que des choses simples; alors ce qui convient à quelques-uns n'est pas à la portée des autres, en sorte que s'il est un art où les résultats ne répondent pas toujours aux espérances qu'avait fait naître la théorie, c'est, sans contredit, la lecture.

28ᵉ Tableau. LECTURE COURANTE. CONSIDÉRATIONS GÉNÉRALES SUR LA MÉTHODE (suite).

De nos jours, on a donc reconnu la nécessité de puiser dans les deux méthodes ce qu'il y avait de mieux et de plus à la portée des jeunes enfants; c'est ce qui a donné lieu à la méthode *mixte*.

Toutefois, quelle que soit celle que l'on suive, il faut, pour être bonne, qu'elle soit *simple, claire, régulière, complète et facile*; sans ces qualités essentielles elle laissera toujours à désirer, et maîtres et élèves s'épuiseront en vains efforts.

Il est aisé de comprendre que de petits enfants ne peuvent guère saisir les détails d'une analyse rigoureuse, et comme il faut cependant qu'elle soit faite pour arriver à la connaissance exacte de la science que l'on étudie, si les élèves ne la font pas, il faut qu'ils suivent la marche progressive de la synthèse et que, dans la méthode en usage, l'analyse ait été rigoureusement faite par le maître.

C'est cette analyse que je vais essayer de faire pour la lecture.

ANALYSE DE LA LECTURE.

Il y a deux sortes de lecture : celle qui se fait des yeux seulement, et celle où les mots sont énoncés par la voix à mesure qu'ils sont reconnus par la vue. C'est de cette dernière, dans laquelle l'autre est comprise, que l'on va s'occuper.

Alors, lire c'est reconnaître par l'organe de la vue et reproduire par celui de la voix la *parole* qui est peinte ou figurée par l'écriture.

Si cette définition générale est exacte, il suffira donc d'analyser la parole : La parole, d'après le sens le plus vulgaire, est la manifestation de la pensée, et la pensée se manifeste, ou se fait connaître par certains signes d'*idées* ou connaissances que l'on nomme *mots*. Donc les mots sont des signes de conventions pour représenter nos idées, c'est-à-dire la connaissance que nous avons soit des choses, soit de leur manière d'être ou d'agir, ou même de leurs différents rapports. Ainsi la lecture se borne donc à la reproduction, par la voix, des mots figurés par l'écriture.

En analysant les mots, nous voyons facilement que quelques-uns ne nécessitent qu'une seule émission de voix et qu'ils sont, par conséquent, simples, tandis que d'autres nécessitent plusieurs émissions de voix et qu'ils sont composés. Ce qui entre dans la composition des mots se nomme *syllabe*.

En analysant de nouveau les syllabes, nous voyons qu'elles ne peuvent renfermer, au plus, que deux éléments ou expressions vocales; les premiers se nomment *sons*, ils se font entendre distinctement et la voix peut les prolonger; les autres se nomment *articulations*, ce qui signifie, jointure, lien; on les nomme ainsi parce qu'ils servent à unir ou lier les sons entre eux; la voix ne peut les soutenir comme les sons. Sans les articulations, les sons n'offriraient qu'une série décousue d'expressions choquantes et incohérentes dont l'oreille serait désagréablement affectée. Pour s'en convaincre, qu'on choisisse une phrase quelconque, soit celle-ci : *La vertu est le plus grand des biens*. Si l'on supprime les articulations on aura : *a, è, u, é, e, u, an, è, ien*. Certes, si le langage ne se composait que d'expressions semblables, il n'aurait guère de charmes. Les articulations servent donc à unir les sons et à adoucir ce que la rencontre de ceux-ci aurait de discordant, tout en augmentant le nombre des idées que ces sons peuvent représenter. Ainsi par exemple, le son *eau*, qui est le signe d'une idée, aura une autre signification selon les articulations qui l'accompagneront, comme *beau*, *peau*, etc.

En définitive, l'analyse du langage ou de la parole se réduit donc, pour la lecture, à l'analyse des sons et des articulations, et l'analyse de la lecture se réduit à la décomposition des caractères qui représentent ces sons et ces articulations.

29ᵉ Tableau. DES SONS ET DES ARTICULATIONS.

Des Sons. Les sons peuvent être :
1° *Simples et monogrammes* (représentés par une lettre.) Il y en a 12 qui sont : a, â, e, é, è, ê, i, î, o, ô, u, û.
2° *Simples et polygrammes* (représentés par plusieurs lettres). Il y en a 9 qui sont : an, in, on, un, eu, ai, au, ou, oi. Plusieurs s'écrivent de différentes manières et le dernier est même composé.
3° *Composés* que l'on nomme aussi *diphthongues*, comme ia, io, ian, etc. Le nombre en est indéterminé.
4° *Modifiés par les articulations*, comme ab, ouc, ba, cou, iel, etc. Le nombre en est aussi indéterminé.

Des Articulations. Les articulations peuvent être :
1° *Simples et monogrammes.* Il y en a 16 qui sont : b, c, d, f, g, h, j, l, m, n, p, r, s, t, v, z. Le c a en outre souvent la valeur de s et se représente encore par k et q. Il y a aussi x qui vaut cs, gz, s et z, ou qui peut être nul.
2° *Simples et polygrammes.* Il y en a 3 qui sont : ch, ph, gn.
3° *Composés*, comme bl, cl, dr, gr, chr, etc. Le nombre en est indéterminé.

TABLEAU GÉNÉRAL DES SONS SIMPLES.

Sons primitifs ou élémentaires.

	1° a			2° e					3° é				4° i			5° o				6° u		7° ou		8° oi
	bref.	long.	nasal.	bref ou muet.	sonore suivi de r.	long.	mouillé ou creux.	nasal.	mouillé	bref.	long.	nasal.	bref, long.	bref.	sonore suivi de r.	long.	nasal.	bref.	long.	bref.	long.	dérivé (bref.)
Sons dérivés.	a	â	an	e-eu	eu-œu	eû	eu-eux	un	é-ée	è	ê	in	i-î y le	o	o	ô	on	u	û	eu	où	oi (oua)
	la	pâte.	banc	le jeune	peur sœur	jeûne	peu deux	l'un	nez fée	et procès	tête	vin	lit-gîte lyre-vie	trop	bord	côte	bon	bu	flûte la vue	fou	croûte roue	voir
	1	2	3	4-5	6	7	8	9	10	11	12	13	14-15	16	17	18	19	20	21	22	23	24

TABLEAU GÉNÉRAL DES ARTICULATIONS SIMPLES PLACÉES PAR ORDRE ALPHABÉTIQUE.

Signes	b	c.k.q	d	f. ph	g	muette ou gutturale. h	sèche. j	l	l mouillée. ill	m	n	n mouillée. gn	p	r	s	s palatale. ch	t	v. w	z	mixte ou composée. x
Valeur	be	que	de	fe	gue	homme halle	je	le	lieu ou-ieu	me	ne	nieu	pe	re	se	che	te	ve	ze	ze-gze se-zo
	1	2	3	4	5	6	7	8	9	10	11	12	13	14	15	16	17	18	19	20

TABLEAU des articulations placées par analogie, et d'après la force imprimée à chaque touche vocale.

	Fortes	Faibles ou douces	Nasales
1° Labiales	pe	be	me
2° Dentales et linguales	te	de	ne
	se	ze	gne
3° Linguales et palatales	re	le, lieu	»
4° Palatales	ke	gue	fe (forte)
	che	je	ve (douce)
5° Gutturales	*h*art	»	»
6° Mixte ou composée	xe	»	»

REMARQUE ESSENTIELLE. Le maître qui saisira bien cette classification, pourra remédier à beaucoup de mauvaises prononciations chez les enfants, en faisant lui-même et en indiquant les mouvements des lèvres et la place que doit occuper la langue.

30ᵉ Tableau. ANALYSE DES MOTS ET CONSIDÉRATIONS SUR L'ALPHABET.

Les mots se divisent en parties appelées *syllabes* ou émissions de voix.
Les mots d'une syllabe sont appelés *monosyllabes*; Exemple, *eau, beau, mon*.
Les mots de deux syllabes sont appelés *dissyllabes*; Exemple, *pa-pa, ma-man*.
Les mots de plusieurs syllabes sont appelés *polysyllabes*; Ex. *du-re-té, ca-pa-ci-té*.
Les caractères employés pour représenter les syllabes se nomment *Lettres*.
Les lettres qui représentent des sons ou voix se nomment *voyelles*; ce sont : *a, e, i, y, o, u* qui peuvent encore représenter d'autres sons au moyen de petits signes nommés *accents*. Exemple, *à, é, è, ê, î, ô, û*. En prononçant les voyelles on leur donne leur valeur et la voix peut les prolonger ou les soutenir indéfiniment.
Les lettres qui représentent les articulations ou les mouvements des lèvres ou de la langue sont nommées *consonnes*; ce qui signifie qu'elles ne sonnent ou ne se font entendre qu'avec un son; Ex. *b*. Quel que soit le nom qu'on lui donne *bé* ou *be*, on aura plus que sa valeur, car on aura en outre celle de *é* ou de *e*. La voix ne peut pas s'arrêter sur les consonnes et si elles sont après le son, celui-ci cesse aussitôt qu'on les prononce; Ex. *ab, ouc*, etc.
Les consonnes sont au nombre de 19 qui sont : *b, c, d, f, g, h, j, k, l, m, n, p, q, r, s, t, v, x, z*. En les réunissant aux voyelles on a une collection de lettres nommée *alphabet*. Voici les lettres de notre alphabet dans l'ordre qu'on leur a assigné : *a, b, c, d, e, f, g, h, i, j, k, l, m, n, o, p, q, r, s, t, u, v, x, y, z*.

CONSIDÉRATIONS GÉNÉRALES SUR L'ALPHABET ET LA LECTURE.

Il est à regretter que, dans notre langue, les lettres de l'alphabet ne représentent pas tous les sons et toutes les articulations; qu'on soit obligé d'employer souvent plusieurs lettres pour représenter un seul son. Ex. *an, in, ou*, etc., ou pour une seule articulation, Ex. *ch, gn*; tandis que plusieurs caractères différents représentent souvent les mêmes sons ou les mêmes articulations, Ex. *an, em*, etc., *c, k, q*, et que les mêmes formes n'ont pas toujours la même valeur, Ex., ils per*dent* leurs *dents*. Voilà ce qui rend l'étude de notre belle langue très-difficile et ce qui a fait échouer tous les auteurs de méthodes de lectures qui ont voulu donner un nouveau nom aux lettres, introduire une nouvelle épellation et une nouvelle décomposition des syllabes. Sans doute leur but était louable, mais l'ont-ils atteint ?.... Comment prononcent-ils, par exemple, *c, k, q-f, ph-h-in, ain, ein*, etc., etc., et feront-ils voir la manière d'écrire ces articulations et ces sons, car cela est nécessaire pour la correction en commun des devoirs des élèves.

D'un autre côté, voyez les difficultés et les exceptions qu'entraîne la nouvelle décomposition qui se fait ainsi : *ho-mme, bo-nne, mu-e-tte, a-pporter, je je-tte, de-scendre, a-ccor-der, a-cci-dent*, etc., etc. Qu'on se figure le ridicule qu'il y a à épeler seulement un ou deux mots quelconques par la nouvelle épellation, par ex., les petits garçons.

31ᵉ Tableau. CONSIDÉRATIONS SUR L'ALPHABET (suite).

Avant d'opérer ces réformes dans la lecture, il semble qu'il aurait fallu les opérer dans l'orthographe, et cela eut été facile, car en jetant les yeux sur les tableaux ci-devant, qui sont complets et qui représentent tous nos sons et toutes nos articulations, on aurait eu, pour nos 24 sons, 24 formes dont plusieurs sont encore susceptibles de modifications. Pour nos 20 articulations, en apportant quelques petits changements, par exemple, en écrivant toujours *que* par *c* ou *q*, *fe* par *f*, *se* par *s* et *ze* par *z*; en supprimant *h* muette ou gutturale qui serait remplacée, dans ce dernier cas, s'il y avait lieu, par un signe quelconque soit : *ā̄lle*, *ā̄meau*, pour halle, hameau, l'orthographe et la prononciation seraient plus simples et plus faciles; en supprimant ensuite *l* et *n* mouillées où il est possible de le faire, et en écrivant par exemple, *feuliet*, *biliet* ou *feuiet*, *biet* (selon la prononciation adoptée) comme on écrit *Juliette*, *folio*, etc., ainsi que *ronion*, *ganier*, pour *rognon*, *gagner*, comme on écrit *union*, *panier*, et en indiquant *n* mouillée devant *e* ou *i* comme par exemple, *compane*, *companie*, pour ne pas prononcer compa*ne*, compa*nie*; en remplaçant ensuite le signe *ch* par le simple signe *h* qu'on prononcerait *che*, et auquel tous les enfants donnent cette valeur quand il est prononcé *ache*, on réduirait les articulations au nombre de 16 au plus, et qui auraient en outre l'avantage d'avoir toutes une forme simple. Quant à l'articulation bizarre *x*, qui est souvent composée, il serait facile de la remplacer par d'autres qui auraient la même valeur, ou d'établir des règles pour fixer sa prononciation. De cette manière notre alphabet serait simple, complet et facile; il suffirait en outre pour écrire tous les mots de notre langue.

QUELQUES CONSIDÉRATIONS SUR CETTE MÉTHODE.

Quoique l'analyse soit ma méthode favorite, cependant, pour la lecture, l'âge des enfants auxquels on s'adresse et la difficulté de notre langue m'ont fait renoncer à ce moyen. J'ai donc cru devoir faire, moi-même, l'analyse du langage et présenter les éléments avec le plus d'ordre possible, afin de faire remonter sans efforts, de la partie au tout. Toutefois, je prie de remarquer que, si je fais faire la décomposition du mot ou de la syllabe, je ne vois que le son et l'articulation que l'on fera connaître par les procédés indiqués; mais je ne descends jamais à l'ancienne épellation par lettres qui ne fait que retarder les progrès pour la lecture. Il faut donc distinguer ces deux mots : *décomposition*, *épellation*; la décomposition doit se faire pour la lecture, car il est impossible que l'élève lise un mot s'il se trompe sur la valeur du son ou sur celle de l'articulation; mais aussitôt qu'il connaît ces deux éléments, il lui sera facile, sans rien autre chose, de prononcer la syllabe ou le mot.

32ᵉ Tableau. CONSIDÉRATIONS SUR CETTE MÉTHODE (Suite).

L'épellation, ou la désignation de chaque lettre, qui ne peut plus être tolérée pour la lecture, est encore indispensable aujourd'hui pour l'orthographe, vu l'état actuel de notre alphabet; car dans la correction des devoirs en commun, si le maître veut s'assurer de la manière dont les élèves auront écrit les mots, il faut qu'il prononce lui-même ou qu'il fasse prononcer chaque lettre. Mais ce travail, qui prend le nom d'ancienne épellation, peut être appris plus tard lorsqu'on en aura besoin; quelques jours de pratique suffiront alors.

Quant à la décomposition des mots, je crois devoir, pour le moment, suivre l'ancienne et non la nouvelle; car en ne prononçant pas les deux consonnes cela nuirait beaucoup à l'orthographe, et de plus on aurait souvent des exceptions ou une prononciation ridicule, Ex.: *sy–lla–be*, *i–llu–stre*, *gra–mmai–re*, *a–ddi–tion*, *a–ccent*, *a–cci–dent*, etc., et encore les futurs et les conditionnels de certains verbes : *cou-rrons*, *par-cou-rrons*, *cou-rrions*, *par-cou-rrions*, etc., que l'on confondrait avec les présents *cou-rons*, *par-cou-rons*, *cou-rions*, etc.

Il est probable qu'autrefois on prononçait toutes les lettres de même qu'en latin; voilà sans doute l'origine des doubles consonnes; mais depuis qu'on en a supprimé un grand nombre pour la prononciation, on aurait dû les supprimer aussi pour l'écriture, comme on l'a déjà fait pour certains mots comme *apôtre*, *nôtre*, *vôtre*, *même*, *blé*, *clé*, etc., qu'on écrivait : *apostre*, *nostre*, *vostre*, *mesme*, *bled*, *clef*, etc.

CONSIDÉRATIONS SUR LE FRANÇAIS.

Plusieurs philanthropes ont déjà rêvé à une langue universelle en étudiant les vocales des différents peuples; mais en attendant que leur rêve, qui a toujours passé pour une utopie, se change en réalité, apprenons avec soin notre langue maternelle qui est, sans contredit, une des plus belles, des plus agréables, des plus faciles à prononcer, et par conséquent une des plus recherchées; car elle est aussi la plus claire, et c'est pour cela qu'elle passe pour la langue diplomatique.

Pour lui conserver sa réputation et son charme, et la faire agréer par les autres peuples, comme ils se proposent d'agréer nos poids et nos mesures, il faudrait qu'on la débarrassât peu à peu de toutes ses anomalies, on pourrait dire de toutes ses bizarreries, qui sont encore ses habits sauvages, et qu'on ne lui laissât qu'un alphabet rationnel; la lecture et l'orthographe serait alors peu de choses.

Depuis sa naissance, qui date seulement de quelques siècles, on a déjà apporté bien des perfections, des modifications; mais malheureusement ce mouvement est arrêté depuis un certain nombre d'années, et pendant que toutes les sciences marchent à pas de géants, la langue française seule semble rester stationnaire, ou plutôt expectante.

33ᵉ Tableau.   CONSIDÉRATIONS SUR LE FRANÇAIS.

En effet, à voir le déluge de mots nouveaux étrangers qui sont introduits forcément et qui paraissent, pour des français, sortir au moins de la barbarie; à voir le silence de l'Académie, si ce n'est quelques faibles voix qui se font entendre de temps à autre, ne semble-t-il pas? ou que la langue n'est pas assez riche en expressions pour rendre les nouvelles idées, ou qu'on est dans l'attente d'un prochain enfantement de sa part.

Sans doute, on ne doit pas pousser l'orgueil national jusqu'à se plaindre de ce néologisme, surtout si les mots nouveaux sont expressifs et significatifs; mais, pour Dieu, et pour l'intérêt que l'on doit porter à l'enfance, si l'on *francise* ces mots, du moins qu'on les *baptise* en les purifiant et en les dégageant de tout ce qui ne serait pas français, tant pour la douceur de la prononciation que pour la régularité de l'orthographe qui est déjà bien assez difficile.

Si, avec cela, on supprimait seulement le redoublement inutile de certaines consonnes dans les mots, et surtout dans les verbes et les adjectifs, et qu'on écrivit, par exemple, *home*, *bone*, *muète*, *aporter*, *aranger*, *je jète*, comme on écrit *nous jetons*, etc., etc., ainsi que le conseillait Louis **XVIII**, on supprimerait, d'un seul trait, au moins les neuf dixièmes des difficultés orthographiques. Malheureusement il n'en est pas encore ainsi, et celui qui proposerait cette légère innovation verrait s'élever contre lui ceux qui invoquent l'étymologie, l'usage et la prononciation. Cependant, pour l'étymologie : homme vient de *homo*; bonne, de *bona*, et dans une foule d'autres mots, l'étymologie n'a pas été plus conservée. On écrit inquiète, bigote, concrète, etc., avec un seul *t*; apaiser, aplanir, etc., avec un seul *p*; je gèle, je cachète, etc., avec une seule *l* et un seul *t*. Plusieurs grammairiens distingués ont déjà, il est vrai, fait justice de ce redoublement de *l*, *n*, *t*, dans les verbes où ces lettres sont simples à la racine. Qui empêcherait d'aller un peu plus loin dans la réforme. Certainement les plaintes seraient mal fondées, et il faut espérer que ce changement aura lieu, car il ne fera pas plus crier que lorsqu'on a changé, par exemple, *François* en *Français*. Quant à la prononciation, il est probable que ces doubles lettres se faisaient entendre autrefois comme cela a lieu dans les autres langues et dans plusieurs mots français, où on les prononce encore un peu, comme on l'a vu ci-devant. Alors nos pères étaient conséquents, ils faisaient bien de les placer, comme nous faisons bien de conserver toutes celles que nous entendons, puisque l'écriture doit être la représentation de la parole; mais dès que ces lettres devenaient nulles pour la prononciation, c'était une inutilité, et même une difficulté pour l'orthographe : il fallait s'en débarrasser comme les mécaniciens se débarrassent de tous les engrenages inutiles qui ne font que gêner une machine et en diminuer la force.

La simplicité! c'est la loi de la nature.

www.ingramcontent.com/pod-product-compliance
Lightning Source LLC
LaVergne TN
LVHW021723080426
835510LV00010B/1106